300 tests
NÉERLANDAIS

Ineke PAUPERT

ASSiMiL®

Module 1
BASIS (LES BASES)

Focus Salutations et premier contact

Corrigé page 10

Choisissez la bonne traduction en néerlandais.

1. Salut

   A Hallo B Tot later C Goedendag D Straks

2. Parfait

   A Sorry B Ook C Straat D Prima

3. Merci

   A Hier B Bedankt C Goed D Dag

4. Bonjour

   A Meneer B Goedendag C Prima D Tot later

Focus Dire au revoir

Choisissez la bonne traduction en néerlandais.

1. À tout à l'heure

   A Tot goed B Tot straks C Tot dag D Tot later

2. À plus tard

   A Tot later B Tot ook C Tot prima D Tot sorry

Focus Demander à son interlocuteur comment il s'appelle, où il habite

Complétez par le bon verbe.

1. Hoe ... jullie?

   A heten B staan

2. ... jullie in Amsterdam?

   A Heten B Wonen

3. En waar ... jullie?

   A komen B wonen

4. ... u Mark Jansen?

   A Woont B Heet

Focus Le tutoiement et le vouvoiement

Cochez la bonne traduction en néerlandais.

Corrigé page 10.

1. Comment vous appelez-vous ? (tutoiement)

   A Hoe heet u? B Hoe heten jullie?

2. Habitez-vous à Utrecht ? (vouvoiement)

   A Woont u in Utrecht? B Wonen jullie in Utrecht?

3. Vous êtes sur la liste. (vouvoiement)

   A U staan op de lijst. B U staat op de lijst.

4. Vous venez pour Bernie ? (tutoiement)

   A Komen jullie voor Bernie? B Komen u voor Bernie?

Astuce Ne confondez pas **jullie** *vous* (tutoiement au pluriel) avec **u** *vous* (vouvoiement au singulier ou au pluriel). Malgré le fait que le pronom personnel **u** *vous* s'emploie à la fois pour vouvoyer une ou plusieurs personnes, le verbe sera toujours conjugué au singulier, même lorsque l'on s'adresse à plusieurs personnes.

Focus Les pronoms personnels ik *je*, we *nous*, u *vous*, jullie *vous*

Choisissez le bon pronom.

1. ... *(nous)* staan op de lijst.

   A Ik B U C We

2. Hoe heet ... *(vous)*?

   A u B jullie C we

3. En waar wonen ... *(vous)*?

   A we B ik C jullie

4. Komt ... *(vous)* ook voor Jasper?

   A ik　　B jullie　　C u

5. ... *(je)* heet Mark Jansen.

   A U　　B Ik　　C We

Focus L'indicatif et le présent de l'indicatif

Corrigé page 10

Complétez avec la bonne forme du verbe.

1. Waar ... u?

   A woont　　B woon　　C wonen

2. Hoe ... jullie?

   A heet　　B heten　　C het

3. Ik ... voor de kaasproeverij.

   A komen　　B kom　　C komt

4. Jullie ... op de lijst.

   A staat　　B stat　　C staan

Astuce La forme infinitive correspond au pluriel du présent de l'indicatif. On obtient la forme du vouvoiement en ajoutant un **-t** à la racine du verbe, sauf si la racine se termine déjà par un **-t**.

Focus Les prépositions

Choisissez la bonne préposition.

1. We wonen ... nummer 6.

   A in　　B op　　C tot

2. Ik kom ... de kaasproeverij.

   A voor　　B op　　C in

3. Woont u ... Amsterdam?

   A op　　B in　　C voor

4. Jullie staan ... de lijst.

   (A) tot (B) op (C) in

5. Bedankt en ... straks.

   (A) op (B) in (C) tot

Astuce La préposition **op** signifie soit *à*, soit *sur* : **op nummer 6** *au numéro 6*, **op de lijst** *sur la liste*. La préposition **in**, signifie soit *dans*, soit *à* : **in de straat** *dans la rue*, **in Amsterdam** *à Amsterdam*. La préposition **tot** *à* s'emploie dans les expressions du type **tot straks** *à tout à l'heure*, **tot later** *à plus tard*.

Focus Phrases autour du premier contact

Corrigé page 10

Cochez la bonne traduction en néerlandais.

1. Bonjour. Comment vous appelez-vous ? (tutoiement)

   (A) Dag. Hoe wonen u?
   (B) Dag. Hoe heten jullie?
   (C) Dag. Hoe gaat het?

2. Et où habitez-vous ? (vouvoiement)

   (A) En waar woont u?
   (B) En waar komen we?
   (C) En waar wonen jullie?

3. Bonjour. Je m'appelle Jasper Peters.

   (A) Goed, ik kom Jasper Peters.
   (B) Goedendag, ik heet Jasper Peters.
   (C) Prima, ik naam Jasper Peters.

4. Vous venez pour monsieur Jansen ? (vouvoiement)

   (A) Staat meneer Jansen op de lijst?
   (B) Hoe heet meneer Jansen?
   (C) Komt u voor meneer Jansen?

5. Excusez-moi !

A Sorry!

B Hallo!

C Dag!

6. Oui, merci et à tout à l'heure.

A Nee, bedankt en tot dag.

B Ook, bedankt en tot later.

C Ja, bedankt en tot straks.

Focus Questions – réponses autour du premier contact

Corrigé page 10

Choisissez la bonne réponse à la question.

1. Hoe heet u?

A We heten Bernie en Mark.

B Ik heet meneer Peters.

C Jullie heten Jasper en meneer Peters.

2. Hoe heten jullie?

A Ik heet Mark. Ik heet Bernie.

B Meneer Jansen.

C We hete Jasper.

3. Waar wonen jullie?

A U woont in Amsterdam.

B Jullie wonen in Zaandam

C We wonen in Rotterdam.

4. Waar woont u?

A Ik woon in de Tulpenstraat.

B We woon in de Berkenlaan.

C Jullie wonen in de Lelielaan.

5. Komen jullie voor de wijnproeverij?

   A. Nee, we komen voor de wijnproeverij.
   B. Ja, we komen voor de wijnproeverij.
   C. Ook, we komen voor de wijnproeverij.

Focus Les pronoms interrogatifs hoe *comment* et waar *où*

Corrigé page 10

Choisissez le bon pronom interrogatif.

1. ... heten jullie?

   A. Hoe B. Waar

2. ... woont u?

   A. Hoe B. Waar

3. ... heet u?

   A. Hoe B. Waar

4. ... wonen Mark en Jasper?

   A. Hoe B. Waar

Focus Se présenter

Complétez les présentations suivantes.

1. Ik heet Bernie en ik woon ...

   A. in nummer 6.
   B. in de Tulpenstraat.
   C. op de lijst.
   D. op de Berkenlaan.

2. Goedendag. Ik kom voor ...

   A. Zaandam.
   B. later.
   C. Jasper.
   D. straks.

3. Hallo, we wonen ...

   A. op nummer 9.
   B. in de nummer 9.
   C. op de nummer 9.
   D. in nummer 9.

Module 1
WOORDENSCHAT (VOCABULAIRE)

Astuce En règle générale, si votre interlocuteur se présente par son prénom, c'est une invitation au tutoiement. Les Néerlandais se tutoient facilement, même s'ils ne se connaissent pas, ou en s'adressant aux supérieurs hiérarchiques. Par contre, ils préféreront le vouvoiement, lorsqu'il est question de faire preuve de respect, à l'égard d'une personne plus âgée par exemple, ou afin de créer une certaine distance.

Verbes

heten	*s'appeler*
staan	*être*
wonen	*habiter*
komen	*venir*

Noms

Les noms sont précédés de leur genre : **de** *(le,la,les) ou* **het** *(le, la).*

de straat	*la rue*
de lijst	*la liste*
de kaasproeverij	*la dégustation de fromage*
het nummer	*le numéro*
de meneer	*le monsieur*
de tulp	*la tulipe*
de berk	*le bouleau*
de lelie	*le lys*
de wijnproeverij	*la dégustation de vin*

Prépositions

tot	*à*
in	*dans, à*
op	*à, sur*
voor	*pour*

Locutions/Phrases essentielles

goedendag	*bonjour*
tot later	*à plus tard*
tot straks	*à tout à l'heure*
sorry	*excuse(z)-moi*
bedankt	*merci*
Hoe heten jullie?	*Comment vous appelez-vous ?*
Waar wonen jullie?	*Où habitez-vous ?*
U staat op de lijst.	*Vous êtes sur la liste.*
Ik kom voor de wijnproeverij.	*Je viens pour la dégustation de vin.*

Module 1
CORRIGÉ

Basis

VOTRE SCORE :

PAGE 2 - Salutations et premier contact
1 A | 2 D | 3 B | 4 B
Dire au revoir
1 B | 2 A

PAGES 2-3 - Demander à son interlocuteur comment il s'appelle, où il habite
1 A | 2 B | 3 B | 4 B

PAGE 3 - Le tutoiement et le vouvoiement
1 B | 2 A | 3 B | 4 A

PAGES 3-4 - Les pronoms personnels **ik** *je*, **we** *nous*, **u** *vous*, **jullie** *vous*
1 C | 2 A | 3 C | 4 C | 5 B

PAGE 4 - L'indicatif et le présent de l'indicatif
1 A | 2 B | 3 B | 4 C

PAGES 4-5 - Les prépositions
1 B | 2 A | 3 B | 4 B | 5 C

PAGES 5-6 - Phrases autour du premier contact
1 B | 2 A | 3 B | 4 C | 5 A | 6 C

PAGES 6-7 - Questions – réponses autour du premier contact
1 B | 2 A | 3 C | 4 A | 5 B

PAGE 7 - Les pronoms interrogatifs **hoe** *comment* et **waar** *où*
1 A | 2 B | 3 A | 4 B

PAGE 7 - Se présenter
1 B | 2 C | 3 A

Vous avez obtenu entre 0 et 8 ? Oeps! Il faut reprendre les bases. Revoyez chaque question en prenant un ouvrage de référence de niveau A2, comme Objectif Langes (Assimil).
Vous avez obtenu entre 9 et 17 ? Iets te weinig ... C'est encore assez moyen. Voyez quels sont vos points faibles en vous aidant d'un ouvrage de référence.
Vous avez obtenu entre 18 et 26 ? Niet slecht, maar ... Analysez vos erreurs et révisez les notions que vous ne maîtrisez pas complètement.
Vous avez obtenu entre 27 et 35 ? Heel goed. Vous avez de bonnes bases. Soyez vigilant aux fautes d'attention.
Vous avez obtenu 36 et plus ? Uitstekend! Vous êtes prêt pour le niveau supérieur.

Focus Les lettres de l'alphabet

Corrigé page 23

Cochez la lettre correspondant à la transcription phonétique donnée.

1. [Xé:]

   A j　B g　C x

2. [Ha:]

   A h　B k　C q

3. [yé:]

   A g　B t　C j

4. [èss]

   A z　B c　C s

5. [wé:]

   A w　B v　C x

6. [èy]

   A i　B y　C x

7. [ye]

   A ë　B c　C e

Focus Épeler un nom

Choisissez la bonne transcription phonétique lorsque vous épelez les mots ci-dessous.

1. Maud

   A [èm] [a:] [u:] [dé:]　B [èm] [a:] [u:] [té:]

2. Smit

   A [èss] [èm] [i:] [dé:]　B [èss] [èm] [i:] [té:]

3. hond

   A [Ha:] [o:] [èn] [dé:]　B [Ha:] [o:] [èn] [té:]

4. smid

   A [èss] [èm] [i:] [dé:]　B [èss] [èm] [i:] [té:]

Module 2
BASIS

Focus La prononciation du « d » final

Choisissez la bonne transcription phonétique lorsque vous prononcez les mots ci-dessous.

1. Maud

A [m] [aou] [d] B [m] [aou] [t]

2. Smit

A [s] [m] [ĭ] [d] B [s] [m] [ĭ] [t]

3. hond

A [H] [o] [n] [d] B [H] [o] [n] [t]

4. smid

A [s] [m] [ĭ] [d] B [s] [m] [ĭ] [t]

Astuce Rappelez-vous qu'il est impératif de prononcer le « d » à la fin d'un mot comme un « t ».

Focus Les articles définis et indéfinis au singulier

Corrigé page 23

Quel est l'article défini adéquat correspondant à l'article indéfini ?

1. een leerling

A de B het

2. een voornaam

A de B het

3. een vraag

A de B het

4. een hond

A de B het

5. een dorp

A de B het

6. een huis

   A de B het

Corrigé page 23

7. een dijk

   A de B het

8. een huisdier

   A de B het

9. een broer

   A de B het

10. een zus

   A de B het

Astuce Le néerlandais ne connaît qu'un seul article indéfini : **een** *un/e*. Par contre, il existe deux articles définis au singulier : **de** et **het** : **de**, appelé « genre commun », regroupe les noms masculins et féminins ; **het**, appelé « genre neutre », est moins fréquent.

Focus Le présent de l'indicatif des verbes zijn *être* et hebben *avoir*

Choisissez la bonne forme du verbe.

1. Wat ... je naam?

   A ben B zijn C bent D is

2. We ... een huis op de dijk.

   A heb B hebben C heeft D hebt

3. Mijn broer ... een hond en een kat.

   A heeft B hebben C heb D zijn

4. ... u een huisdier?

   A Bent B Is C Hebben D Hebt

5. Je ... natuurlijk een rekenmachine.

   A hebt B heb C is D zijn

Corrigé page 23

6. Ik ... David Smit.

A is | B hebt | C ben | D zijn

7. Je ... hier.

A zijn | B hebben | C bent | D heeft

8. Waar ... ze?

A bent | B hebben | C hebt | D zijn

9. Hoe ... ze?

A is | B bent | C heb | D hebt

10. Ik ... een zus.

A hebt | B zijn | C hebben | D heb

Focus Le présent de l'indicatif des verbes zijn *être* et hebben *avoir*

Indiquez si la conjugaison donnée est bonne ou fausse.

1. Ze *(pluriel)* heeft een nieuwe leerling.

A bonne | B fausse

2. Hij is de broer van Mark.

A bonne | B fausse

3. Ze *(singulier)* hebben een huisdier.

A bonne | B fausse

4. Bent u meneer Peters?

A bonne | B fausse

5. Je hebben een leuke voornaam.

A bonne | B fausse

Focus Parler de soi

Corrigé page 23

Choisissez la bonne traduction en néerlandais.

1. Peux-tu te présenter en quelques mots ?

   A Kun je beginnen?

   B Kun je de vraag stellen?

   C Kun je iets over jezelf vertellen?

2. Quel est ton nom ?

   A Hoe naam je?

   B Wat is je naam?

   C Waar is je naam?

3. Comment ça s'épelle ?

   A Hoe spel je dat?

   B Hoe is je voornaam?

   C Hoe ben je?

4. Je viens du village Giethoorn.

   A Ik kom uit het dorp Giethoorn.

   B Je komt uit het dorp Giethoorn.

   C Ik komen uit het dorp Giethoorn.

5. Mon nom de famille s'épelle S-M-I-T.

   A Mijn voornaam spel je S-M-I-T.

   B Mijn achternaam spel je S-M-I-T.

   C Mijn achternaam zeg je S-M-I-T.

Module 2
BASIS

Focus Les pronoms personnels sujets non accentués

Corrigé page 23

Complétez avec le bon pronom.

1. ... kom uit Utrecht.

   A Ik   B We   C Jullie   D Ze

2. ... hebben een huis op de dijk.

   A Ik   B Je   C We   D U

3. ... heeft een hond.

   A We   B Ze   C Jullie   D Ik

4. ... heeft een huisdier.

   A Jullie   B We   C Hij   D Ik

5. Hoe spel ... dat?

   A je   B jullie   C u   D ze

6. ... bent zeker de nieuwe docente.

   A Hij   B U   C Ze   D Jullie

7. ... gaan beginnen.

   A Ik   B Je   C U   D Ze

8. Stellen ... de vragen?

   A hij   B u   C jullie   D je

Focus Les prépositions

Choisissez la bonne préposition.

1. Kun je iets ... jezelf vertellen?

   A uit   B met   C over

2. We komen ... Maastricht.

   A uit   B met   C over

3. Zoals een Smid,maar ... een « t ».

   A uit   B met   C over

Focus La place du verbe conjugué / de l'auxiliaire et de l'infinitif dans une phrase interrogative

Corrigé page 23

Choisissez la bonne traduction.

1. Peux-tu te présenter en quelques mots ?
   - A Kun je vertellen iets over jezelf?
   - B Kun je iets over jezelf vertellen?

2. Comment ça s'épelle ?
   - A Hoe dat je spel?
   - B Hoe spel je dat?

3. Quel est ton nom ?
   - A Wat is je naam?
   - B Is wat je naam?

4. S'appelle-t-il David ?
   - A Noemt hij David?
   - B Heet hij David?

5. Pouvez-vous poser la question ?
   - A Kunnen jullie de vraag stellen?
   - B Kunnen jullie stellen de vraag?

Astuce Dans une phrase interrogative et en l'absence d'un pronom interrogatif, le verbe conjugué ou l'auxiliaire se trouve en tête de phrase et l'infinitif à la fin.

Focus Les formules de salutation

Cochez la bonne réponse.

1. hoi
   - A s'utilise à tout moment de la journée.
   - B s'utilise uniquement l'après-midi.

2. hallo

   (A) est plus familière que goedendag.

   (B) est moins familière que goedendag.

3. dag

   (A) est la forme courte de goed.

   (B) est la forme courte de goedendag.

4. goedemorgen

   (A) s'utilise uniquement le matin.

   (B) s'utilise à tout moment de la journée.

Focus L'accent tonique des mots

Corrigé page 23

Cochez la syllabe qui porte l'accent tonique.

1. wonen

   (A) wonen (B) wonen (C) wonen

2. meneer

   (A) meneer (B) meneer (C) meneer

3. komen

   (A) komen (B) komen (C) komen

4. bedankt

   (A) bedankt (B) bedankt (C) bedankt

5. nummer

   (A) nummer (B) nummer (C) nummer

6. prima

   (A) prima (B) prima (C) prima

7. moment

   (A) moment (B) moment (C) moment

8. vertellen

(A) vertellen (B) vertellen (C) vertellen

9. boerderij

(A) boerderij (B) boerderij (C) boerderij

10. bedoelen

(A) bedoelen (B) bedoelen (C) bedoelen

Astuce L'accent tonique est plutôt placé au début du mot. Il y a toutefois des exceptions, par exemple pour des mots d'origine étrangère ou lorsque la première syllabe contient un **e** atone ou commence par un préfixe, comme **ver-**.

Focus L'accent tonique des mots composés

Corrigé page 23

Cochez la syllabe qui porte l'accent tonique.

1. kaasmaker

(A) kaasmaker (B) kaasmaker (C) kaasmaker

2. huisdier

(A) huisdier (B) huisdier (C) huisdier

3. rekenmachine

(A) rekenmachine (B) rekenmachine (C) rekenmachine

4. Tulpenstraat

(A) Tulpenstraat (B) Tulpenstraat (C) Tulpenstraat

5. buurvrouw

(A) buurvrouw (B) buurvrouw (C) buurvrouw

Astuce L'accent tonique des noms composés de deux ou trois mots, se place en règle générale sur le premier mot.

Module 2
WOORDENSCHAT

Verbes

Présent de l'indicatif des verbes ***zijn*** *être et* ***hebben*** *avoir*

	zijn, *être*	**hebben**, *avoir*
ik	**ben**, *je suis*	**heb**, *j'ai*
je	**bent**, *tu es*	**hebt**, *tu as*
u	**bent**, *vous êtes*	**heeft/hebt**, *vous avez*
hij, ze	**is**, *il/elle est*	**heeft**, *il/elle a*
we	**zijn**, *nous sommes*	**hebben**, *nous avons*
jullie	**zijn**, *vous êtes*	**hebben**, *vous avez*
ze	**zijn**, *ils/elles sont*	**hebben**, *ils/elles ont*

kunnen	*pouvoir*
beginnen	*commencer*
stellen	*poser*
spellen	*épeler*
gaan	*aller*
bedoelen	*vouloir dire*

Noms

de hond	*le chien*
de smid	*le forgeron*
de leerling	*l'élève*
de voornaam	*le prénom*
de vraag	*la question*

het dorp	*le village*
het huis	*la maison*
de dijk	*la digue*
het huisdier	*l'animal de compagnie*
de broer	*le frère*
de zus	*la sœur*
de rekenmachine	*la calculatrice*
de achternaam	*le nom de famille*
de docente	*l'enseignante*
de boerderij	*la ferme*
de kaasmaker	*le fromager*
de buurvrouw	*la voisine*

Prépositions

over	*sur, de*
uit	*de*
voor	*devant*
achter	*derrière*
met	*avec*

Adjectifs/Adverbes

nieuw	*nouveau/-lle*
leuk	*amusant/e*
natuurlijk	*certainement*

Module 2
WOORDENSCHAT

Locutions/Phrases essentielles

iets	*quelque chose*
jezelf	*toi-même*
zoals	*comme*
dat	*cela, ça*
hoi	*salut*
goedemorgen	*bonjour*

Pronoms personnels sujets non accentués

ik	*je*
je	*tu*
u	*vous (vouvoiement)*
hij	*il*
ze	*elle*
we	*nous*
jullie	*vous (tutoiement pluriel)*
ze	*ils, elles*

Module 2
CORRIGÉ

VOTRE SCORE :

Basis

PAGES 11-12 - Les lettres de l'alphabet
1 B 2 A 3 C 4 C 5 A 6 B 7 A
Épeler un nom
1 A 2 B 3 A 4 A
La prononciation du « d » final
1 B 2 B 3 B 4 B

PAGES 12-13 - Les articles définis et indéfinis au singulier
1 A 2 A 3 A 4 A 5 B 6 B 7 A 8 B 9 A 10 A

PAGES 13-15 - Le présent de l'indicatif des verbes **zijn** *être* et **hebben** *avoir*
1 D 2 B 3 A 4 D 5 A 6 C 7 C 8 D 9 A 10 D
Le présent de l'indicatif des verbes **zijn** *être* et **hebben** *avoir*
1 B 2 A 3 B 4 A 5 B
Parler de soi
1 C 2 B 3 A 4 A 5 B

PAGE 16 - Les pronoms personnels sujets non accentués
1 A 2 C 3 B 4 C 5 A 6 B 7 D 8 C

PAGES 16-18 - Les prépositions
1 C 2 A 3 B
La place du verbe conjugué / de l'auxiliaire et de l'infinitif dans une phrase interrogative
1 B 2 B 3 A 4 B 5 A
Les formules de salutation
1 A 2 A 3 B 4 A

PAGES 18-19 - L'accent tonique des mots
1 A 2 B 3 A 4 B 5 A 6 A 7 B 8 B 9 C 10 B

PAGE 19 - L'accent tonique des mots composés
1 A 2 A 3 A 4 A 5 A

Vous avez obtenu entre 0 et 15 ? Oeps! Il faut reprendre les bases. Revoyez chaque question en prenant un ouvrage de référence de niveau A2, comme Objectif Langes (Assimil).
Vous avez obtenu entre 16 et 33 ? Iets te weinig ... C'est encore assez moyen. Voyez quels sont vos points faibles en vous aidant d'un ouvrage de référence.
Vous avez obtenu entre 34 et 51 ? Niet slecht, maar ... Analysez vos erreurs et révisez les notions que vous ne maîtrisez pas complètement.
Vous avez obtenu entre 52 et 69 ? Heel goed. Vous avez de bonnes bases. Soyez vigilant aux fautes d'attention.
Vous avez obtenu 70 et plus ? Uitstekend! Vous êtes prêt pour le niveau supérieur.

Module 3
BASIS

Focus Présenter quelqu'un (1)

Corrigé page 33

Choisissez la bonne traduction en néerlandais.

1. enchanté

   A aangenaam B even C presentator D oppas

2. présenter

   A voorstellen B spreken C daar is D dit is

3. travailler comme

   A werken met B staan op C werken als D komen uit

4. voici

   A dat is B erg C straks D dit is

5. travailler pour

   A werken als B wonen op C werken voor D werken in

6. voilà

   A even B dat is C klein D ook

7. venir de

   A komen voor B komen uit C gaan met D gaan op

Focus Présenter quelqu'un (2)

Choisissez la bonne traduction en néerlandais.

1. Je souhaite te présenter à la voisine.

   A Dit is mijn buurvrouw.

   B Mag ik je even voorstellen?

   C Ik wil je even voorstellen aan de buurvrouw.

2. Les garçons parlent l'espagnol.

   (A) De oppas spreekt Spaans.

   (B) De jongens spreken Spaans.

   (C) De meisjes praten Frans.

Corrigé page 33

3. Ils travaillent pour la télévision.

   (A) Ze werken voor de televisie.

   (B) Ze werkt met de televisie.

   (C) Ze werken als televisie.

4. Il habite cette grande maison.

   (A) Hij werkt voor dat grote huis.

   (B) Ze hebben dat grote huis.

   (C) Hij woont in dat grote huis.

5. Ah, la voilà !

   (A) Ah, daar is ze!

   (B) Ah, daar komen ze!

   (C) Ah, daar werkt ze!

6. Voici Ben et voilà Margot !

   (A) Ben en Margot zijn hier en daar!

   (B) Dat is Margot en dit is Ben!

   (C) Dit is Ben en dat is Margot!

7. Comment ça se dit en néerlandais ?

   (A) Hoe zeg je dat in het Nederlands?

   (B) Hoe spreek je dit in het Nederlands?

   (C) Hoe noemt jullie dat in het Nederlands?

Astuce Les pronoms démonstratifs **dit** *ceci*, *voici* et **dat** *cela*, *voilà* sont utilisés pour les présentations ; *voilà* se traduit aussi par **daar is**.

Module 3
BASIS

Focus L'adjectif attribut et épithète

Corrigé page 33

Choisissez la bonne forme de l'adjectif.

1. Hij is ...

   A aardig. B ardig. C aardige.

2. Ze zijn ...

   A liefe. B lief. C lif.

3. Wij zijn ...

   A grot. B groot. C grote.

4. Jullie hebben een ... buurvrouw.

   A leuk B luke C leuke

5. De oppas is ...

   A klain. B kleine. C klein.

6. De ... luiken.

   A rode B rood C rod

7. Een ... rekenmachine.

   A niew B nieuwe C nieuw

Astuce L'adjectif attribut est placé après le verbe et est toujours invariable. L'adjectif épithète est placé devant le nom et il prend presque toujours un **-e** final.

Focus Les pronoms démonstratifs dit *ceci*, *voici* et dat *cela*, *voilà*

Choisissez la bonne traduction du démonstratif.

1. Dit is een raam en dat is een luik.

   A Cela / ceci B Ceci / cela

2. Dit is mijn broer en dat is mijn zus.

   A Voici / voilà B Voilà / voici

3. Dit zijn grote honden en dat zijn kleine honden.

   A Ceci / cela — B Cela / ceci

4. Dit is Annette en dat is Rob.

   A Voilà / voici — B Voici / voilà

Focus La voyelle longue

Corrigé page 33

Choisissez la bonne traduction en faisant attention à l'orthographe.

1. Ils habitent ici.
   - A Ze won hier.
   - B Ze woont hier.
   - C Ze wonen hier.
2. La grande maison
   - A Het grote huis
   - B Het grot huis
   - C Het groot huis
3. Les volets rouges
   - A De rood luiken
   - B De rode luiken
   - C De rod luiken
4. Nous parlons l'espagnol.
   - A We spreken Spaans.
   - B We spreekt Spaans.
   - C We sprek Spaans.

Module 3
BASIS

Astuce Afin de préserver la prononciation d'une voyelle longue, il convient de doubler la voyelle en syllabe fermée par une consonne. Par contre, en syllabe ouverte (non fermée par une consonne), une seule voyelle est requise : **groot – grote** *grand/e* ; **rood – rode** *rouge* **spreek – spreken** *parler* ; **heet – heten** *s'appeler*

Focus L'usage des majuscules

Choisissez la bonne traduction en néerlandais.

Corrigé page 33

1. Il vient d'Argentine.
   - A Hij komt uit Argentinië.
   - B Hij komt uit argentinië.
2. Elle habite en France.
   - A Ze woont in frankrijk.
   - B Ze woont in Frankrijk.
3. Parlez-vous espagnol ?
   - A Spreekt u Spaans?
   - B Spreekt U spaans?
4. Je parle néerlandais.
   - A Ik spreek nederlands.
   - B Ik spreek Nederlands.
5. Ma voisine française.
   - A Mijn franse Buurvrouw.
   - B Mijn Franse buurvrouw.

Astuce Les noms de pays, nationalités et langues s'écrivent avec une majuscule, même lorsque ces dernières sont employées en tant qu'adjectif.

Focus Le présent de l'indicatif des verbes

Choisissez la bonne forme du verbe.

1. Waar ... u?
   - A werkt
   - B werk
   - C werken
   - D weerk
2. We ... Spaans.
   - A spreken
   - B spreeken
   - C spreek
   - D spreekt

3. Hoe ... ik dat in het Frans?

   A zeggen B zeg C zeeg D zegt

4. Hoe ... u dat?

   A speel B spelt C spel D spellen

5. ... u?

   A Zien B Zi C Zie D Ziet

6. Hoe ... jullie?

   A heet B heeten C heten D het

7. Margot en Annette ... op de lijst.

   A staat B stat C staa D staan

8. We ... voor de wijnproeverij.

   A kom B komen C komt D koomt

9. ... u de vraag?

   A Stellen B Stelt C Stel D Steel

10. Ik ... in Amsterdam.

    A won B wonen C woont D woon

Astuce La 1re personne du singulier se forme en enlevant la terminaison **-en** (ou **-n**) de l'infinitif. Pour obtenir la 2e et 3e personne du singulier, il faut ajouter un **-t** à la racine du verbe. Le pluriel correspond à la forme infinitive.

Module 3
WOORDENSCHAT

Verbes

Présent de l'indicatif des verbes de type **werken** *travailler et* **spreken** *parler*

	werken, *travailler*	**spreken**, *parler*
ik	**werk**, *je travaille*	**spreek**, *je parle*
je	**werkt**, *tu travailles*	**spreekt**, *tu parles*
u	**werkt**, *vous travaillez*	**spreekt**, *vous parlez*
hij, ze	**werkt**, *il/elle travaille*	**spreekt**, *il/elle parle*
we	**werken**, *nous travaillons*	**spreken**, *nous parlons*
jullie	**werken**, *vous travaillez*	**spreken**, *vous parlez*
ze	**werken**, *ils/elles travaillent*	**spreken**, *ils/elles parlent*

voorstellen	*présenter*
willen	*vouloir*
mogen	*pouvoir*
praten	*parler*
zeggen	*dire*
zien	*voir*

Noms

de presentator	*le présentateur*
de oppas	*le/la baby-sitter*
het Spaans	*l'espagnol (langue parlée)*
de jongen	*le garçon*
het meisje	*la fille*

het Frans	*le français (langue parlée)*
het Nederlands	*le néerlandais (langue parlée)*
het luik	*le volet*
het raam	*la fenêtre*
Frankrijk (het)	*la France (pays)*
Argentinië (het)	*l'Argentine (pays)*

Prépositions

voor	*pour*
aan	*à*

Adjectifs/Adverbes

klein	*petit/e*
groot	*grand/e*
aardig	*sympathique*
lief	*gentil/le*
rood	*rouge*
even	*un instant*
daar	*là-bas*
erg	*très*

Pronoms démonstratifs

dit	*ceci, voici*
dat	*cela, voilà*

Module 3
WOORDENSCHAT

Locutions/Phrases essentielles

aangenaam	*enchanté/e*
als	*comme*
Mag ik je even voostellen?	*Puis-je te présenter ?*
Ik wil je even voorstellen aan ...	*Je souhaite te présenter à ...*
Daar is ...	*Voilà ...*
Dit is / Dat is	*Ceci est, Voici / Cela est, voilà*
Hoe zeg je dat in het ...	*Comment ça se dit en ...*

Module 3
CORRIGÉ

VOTRE SCORE :

Basis

PAGES 24-25 - Présenter quelqu'un

1 A | 2 A | 3 C | 4 D | 5 C | 6 B | 7 B

1 C | 2 B | 3 A | 4 C | 5 A | 6 C | 7 A

PAGE 26 - L'adjectif attribut et épithète

1 A | 2 B | 3 B | 4 C | 5 C | 6 A | 7 B

PAGES 26-27 - Les pronoms démonstratifs **dit** *ceci*, *voici* et **dat** *cela*, *voilà*

1 B | 2 A | 3 A | 4 B

PAGE 27 - La voyelle longue

1 C | 2 A | 3 B | 4 A

PAGE 28 - L'usage des majuscules

1 A | 2 B | 3 A | 4 B | 5 B

PAGES 28-29 - Le présent de l'indicatif des verbes

1 A | 2 A | 3 B | 4 B | 5 D | 6 C | 7 D | 8 B | 9 B | 10 D

Vous avez obtenu entre 0 et 8 ? Oeps! Il faut reprendre les bases. Revoyez chaque question en prenant un ouvrage de référence de niveau A2, comme Objectif Langes (Assimil).

Vous avez obtenu entre 9 et 17 ? Iets te weinig ... C'est encore assez moyen. Voyez quels sont vos points faibles en vous aidant d'un ouvrage de référence.

Vous avez obtenu entre 18 et 26 ? Niet slecht, maar ... Analysez vos erreurs et révisez les notions que vous ne maîtrisez pas complètement.

Vous avez obtenu entre 27 et 35 ? Heel goed. Vous avez de bonnes bases. Soyez vigilant aux fautes d'attention.

Vous avez obtenu 36 et plus ? Uitstekend! Vous êtes prêt pour le niveau supérieur.

Module 4
BASIS

Focus Les noms de pays, nationalités et langues

Corrigé page 43

Choisissez la bonne terminaison.

1. Hij komt uit Enge...

   A land. B rijk. C man. D se.

2. Ze is Françai...

   A land. B rijk. C man. D se.

3. We wonen in Frank...

   A land. B rijk. C man. D se.

4. Bent u Frans...?

   A land B rijk C man D se

5. Maria is Italiaan...

   A land. B rijk. C man. D se.

6. Komen jullie uit Neder...?

   A land B rijk C man D se

7. Is Mark Engels...?

   A land B rijk C man D se

Astuce Les noms de pays, nationalités et langues sont à mémoriser. Parfois, les noms des habitants masculins se terminent par **-man** *homme*. La plupart du temps, les noms des habitants féminins se terminent par **-se**.

Focus Le doublement de la consonne

Choisissez la bonne traduction en faisant attention à l'orthographe.

1. Nous disons non !

   A We zeg nee!

   B We zegen nee!

   C We zeggen nee!

2. Connaissez-vous Maud ?

Corrigé page 43

(A) Kennen jullie Maud?

(B) Ken jullie Maud?

(C) Kenen jullie Maud?

3. Les volets blancs.

(A) De wit luiken.

(B) De wiet luiken.

(C) De witte luiken.

4. Nous avons deux chats.

(A) We hebben twee katen.

(B) We hebben twee katten.

(C) We hebben twee kaaten.

Astuce Afin de préserver la prononciation d'une voyelle brève, il convient de doubler la consonne lorsqu'il y a deux syllabes. Par contre, une consonne suffit dans le cas où il n'y a qu'une seule syllabe :
wit + **e** → **witte** *blanc/he* ; **vis** + **en** → **vissen** *poisson, poissons*
ken + **en** → **kennen** *connaître* ; **zeg** + **en** → **zeggen** *dire*

Focus Le présent de l'indicatif des verbes

Choisissez la bonne forme du verbe.

1. ... u Bernard?

(A) Ken (B) Kennen (C) Keent (D) Kent

2. We ... 'Frankrijk', maar 'Nederland'.

(A) zeegen (B) zegen (C) zeggen (D) zegt

3. We ... Oostenrijk goed.

(A) kennen (B) ken (C) kent (D) kenen

4. Kunnen jullie dat ...?

A speel B spelt C speelt D spellen

5. We ... een huisdier.

A hebben B heben C heeben D heb

6. Hoe ... jullie?

A heet B heeten C heten D hetten

7. Ik wil je even ...

A voorstel. B voorstellen. C voorstelen. D voorsteel.

8. We ... voor de wijnproeverij.

A kom B komen C komt D koomt

9. ... u de vraag?

A Stellen B Stelt C Stel D Steel

10. Wat ... jullie drinken?

A wiel B wilt C willen D wil

Focus Les adverbes de modalité et les interjections (1)

Corrigé page 43

Choisissez la bonne traduction en néerlandais.

1. Tu peux me tutoyer !

A Zeg maar gewoon 'jij'! B Zeg hoor 'jij, maar'!

2. Eh ben, santé !

A Even, proost! B Nou, proost!

3. Nous parlons deux langues, tu sais !

A We spreken nou twee talen! B We spreken twee talen, hoor!

4. Puis-je te présenter ?

A Mag ik je even voorstellen? B Mag ik je hoor voorstellen?

5. Tu peux le dire en français !

   (A) Zeg dat maar in het Frans! (B) Zeg dat eigenlijk in het Frans!

Astuce Les adverbes de modalité et interjections servent en règle générale à exprimer différents états d'âme, à nuancer un propos ou encore à atténuer l'impératif. Ils sont très fréquents en néerlandais et n'ont pas de traduction unique en français.

Focus Les adverbes de modalité et les interjections (2)

Corrigé page 43

Choisissez la bonne traduction en français.

1. Zeg <u>maar</u> Julia!

   (A) Tu peux dire Julia, eh ben ! (B) Tu peux dire Julia, je te prie !

2. Ik woon hier al tien jaar, <u>hoor</u>!

   (A) J'habite ici depuis dix ans, tu sais ! (B) J'habite ici depuis dix ans, alors !

3. <u>Nou</u>, dat is grappig!

   (A) Plutôt, c'est amusant ! (B) Tiens, c'est amusant !

4. Heb je <u>even</u> een moment?

   (A) As-tu un petit instant ? (B) As-tu hein un instant ?

Astuce **maar** ajoute une nuance d'indulgence et peut se traduire par *je te/vous prie, alors, donc, plutôt.*
hoor permet d'interpeller l'interlocuteur et d'insister sur ce que l'on vient de dire et peut se traduire par *tu sais, écoute, mais, hein.*
nou peut exprimer l'étonnement, l'incertitude ou l'indignation et peut se traduire par *eh ben, donc, alors, tiens, bon.*
even exprime une action d'une courte durée et peut se traduire par *un (petit) instant.*

Module 4
BASIS

Focus Proposer le tutoiement

Indiquez si la phrase donnée permet de proposer / d'utiliser le tutoiement.

1. Zeggen jullie maar 'u', hoor!

   A oui — B non

2. Zeg maar 'jij', hoor!

   A oui — B non

3. Hoe heet u? Mijn naam is Peters.

   A oui — B non

4. Hoe heet u? Ik heet Eric

   A oui — B non

Focus Proposer d'aller boire un verre

Corrigé page 43

Choisissez la bonne traduction en néerlandais.

1. Et si nous allions boire un verre de vin ?
   - A We willen een glas wijn gaan nemen.
   - B We nemen een glas wijn.
   - C Zullen we een glas wijn gaan drinken?
2. Et si nous allions boire quelque chose ?
   - A Zullen we iets gaan drinken?
   - B Zullen we iets gaan eten?
   - C We willen een glas bier.
3. Et si nous allions au café ?
   - A We willen wijn gaan drinken.
   - B Zullen we naar het café gaan?
   - C Zullen we koffie drinken?

Astuce L'auxiliaire du futur **zullen** ne se traduit pas lorsque le pronom **we** le suit, car il sert à formuler une proposition sous forme de phrase interrogative.

Focus Aller boire un verre

Corrigé page 43

Choisissez la bonne traduction en néerlandais

1. Et si nous allions boire un verre ? Oui, bonne idée.
   - A Zullen we ergens gaan drinken? Nee, hoor!
   - B Zullen we ergens wat gaan drinken? Ja, goed idee.
   - C Zullen we bier gaan drinken? Ja, prima!

2. Je connais un café sympa près d'ici.
   - A Ik ken een leuk café hier vlakbij.
   - B Ik ken een leuk café daar.
   - C Ik ken een aardig café hier en daar.

3. Que veux-tu boire ?
   - A Hoe wil je drinken?
   - B Wat wil je drinken?
   - C Waar wil je drinken?

4. Pour moi un verre de vin rouge.
   - A We willen een glas wijn.
   - B Ik neem een glas witte wijn.
   - C Voor mij een glas rode wijn.

5. Santé ! Aux polyglottes !
   - A Proost! Op de taligen!
   - B Prima! Op de meertaligen!
   - C Proost! Op de meertaligen!

Module 4
BASIS

Focus La place du verbe conjugué dans une phrase affirmative simple

Choisissez la bonne traduction.

Corrigé page 43

1. En fait, je m'appelle Benjamin.

   A Eigenlijk heet ik Benjamin.

   B Eigenlijk, ik heet Benjamin.

2. Vous avez certainement une calculatrice.

   A Natuurlijk jullie hebben een rekenmachine.

   B Natuurlijk hebben jullie een rekenmachine.

3. Tout à l'heure nous allons poser la question.

   A Straks gaan we de vraag stellen.

   B Straks we gaan de vraag stellen.

4. Ici habite notre ami.

   A Hier woont onze vriend.

   B Woont hier onze vriend.

5. Là-bas, ils parlent italien.

   A Daar, ze spreken Italiaans.

   B Daar spreken ze Italiaans.

Astuce Dans une phrase affirmative simple, le verbe conjugué occupe toujours la deuxième position. La structure est la suivante : complément + verbe conjugué + sujet.

Verbes

Présent de l'indicatif des verbes de type ***kennen*** *connaître et* ***zeggen*** *dire*

	kennen, *connaître*	**zeggen**, *dire*
ik	**ken**, *je connais*	**zeg**, *je dis*
je	**kent**, *tu connais*	**zegt**, *tu dis*
u	**kent**, *vous connaissez*	**zegt**, *vous dites*
hij, **ze**	**kent**, *il/elle connaît*	**zegt**, *il/elle dit*
we	**kennen**, *nous connaissons*	**zeggen**, *nous disons*
jullie	**kennen**, *vous connaissez*	**zeggen**, *vous dites*
ze	**kennen**, *ils/elles connaissent*	**zeggen**, *ils/elles disent*

zullen	*auxiliaire du futur*
nemen	*prendre*
drinken	*boire*
eten	*manger*

Noms de pays, adjectif, habitant (homme / femme)

pays	adjectif	habitant
Engeland *Angleterre*	**Engels**	**Engelsman / Engelse**
Frankrijk *France*	**Frans**	**Fransman / Française**
Italië *Italie*	**Italiaans**	**Italiaan / Italiaanse**
Nederland *Pays-Bas*	**Nederlands**	**Nederlander / Nederlandse**
Oostenrijk *Autriche*	**Oostenrijks**	**Oostenrijker / Oostenrijkse**

Module 4
WOORDENSCHAT

Adverbes de modalité et interjections

maar	*je te/vous prie, alors, donc, plutôt*
hoor	*tu sais, écoute, mais, hein*
nou	*eh ben, donc, alors, tiens, bon*
even	*un (petit) instant*

Locutions/Phrases essentielles

Zeg maar gewoon 'jij', hoor!	*Tu peux me tutoyer, tu sais !*
Proost!	*Santé !*
Dat is grappig!	*C'est amusant !*
Heb je even een moment?	*As-tu un (petit) instant ?*
Zullen we ergens iets gaan drinken?	*Et si nous allions boire un verre ?*
Voor mij een glas ...	*Je prends un verre de ...*
Eigenlijk heet ik ...	*En fait, je m'appelle ...*

Module 4
CORRIGÉ

VOTRE SCORE :

Basis

PAGE 34 - Les noms de pays, nationalités et langues
1 A | 2 D | 3 B | 4 C | 5 D | 6 A | 7 C

PAGES 34-35 - Le doublement de la consonne
1 C | 2 A | 3 C | 4 B

PAGES 35-36 - Le présent de l'indicatif des verbes
1 D | 2 C | 3 A | 4 D | 5 A | 6 C | 7 B | 8 B | 9 B | 10 C

PAGES 36-37 - Les adverbes de modalité et les interjections
1 A | 2 B | 3 B | 4 A | 5 A

PAGE 37 - Les adverbes de modalité et les interjections
1 B | 2 A | 3 B | 4 A

PAGE 38 - Proposer le tutoiement
1 B | 2 A | 3 B | 4 A

PAGE 38 - Proposer d'aller boire un verre
1 C | 2 A | 3 B

PAGE 39 - Aller boire un verre
1 B | 2 A | 3 B | 4 C | 5 C

PAGE 40 - La place du verbe conjugué dans une phrase affirmative simple
1 A | 2 B | 3 A | 4 A | 5 B

Vous avez obtenu entre 0 et 8 ? Oeps!

Vous avez obtenu entre 9 et 17 ? Iets te weinig ...

Vous avez obtenu entre 18 et 26 ? Niet slecht, maar ...

Vous avez obtenu entre 27 et 35 ? Heel goed.

Vous avez obtenu 36 et plus ? Uitstekend!

Module 5
BASIS

Focus Le pluriel des noms

Corrigé page 52

Mettez ces noms à la forme plurielle.

1. bes
   - A bessen
   - B besen
   - C bess
2. vis
   - A visen
   - B viss
   - C vissen
3. zus
   - A zussen
   - B zuss
   - C zusen
4. appel
   - A appellen
   - B appels
   - C apelen
5. land
   - A lands
   - B landen
   - C landens
6. boer
   - A boers
   - B boere
   - C boeren
7. banaan
   - A banaanen
   - B banaans
   - C bananen
8. kleur
   - A kleurs
   - B kleuren
   - C kleure
9. groenteman
   - A groentemans
   - B groentemanen
   - C groentemannen
10. bloemkool
    - A bloemkolen
    - B bloemkools
    - C bloemkollen

Astuce Le néerlandais connaît deux formes de pluriel, une avec la terminaison **-en** et une avec **-s**. En général, les noms comportant plusieurs syllabes se terminant par une syllabe non accentuée en **-el** prennent un **-s** au pluriel.

Focus Demander le prix d'un produit

Corrigé page 52

Choisissez la bonne traduction en néerlandais.

1. Combien coûtent les poires ?

   A Hoeveel kosten de peren?

   B Hoeveel duur zijn de peren?

   C Hoe kosten de peren?

2. Que coûtent les harengs ?

   A Wat veel kosten de haringen?

   B Hoeveel duur zijn de haringen?

   C Wat kosten de haringen?

3. Combien coûtent les groseilles rouges ?

   A Hoeveel duur zijn de rode bessen?

   B Hoe duur zijn de rode bessen?

   C Wat veel kosten de rode bessen?

Focus Les articles définis et indéfinis au pluriel

Choisissez le pluriel de ces noms avec l'article défini / indéfini correspondant. Il peut y avoir absence d'article.

1. een leerling

   A de leerlingen   B leerlingen

2. de voornaam

   A de voornamen   B voornamen

3. het meisje

   A de meisjes   B het meisjes

4. de hond

   A honden   B de honden

5. het dorp

(A) de dorpen (B) het dorpen

6. een huisdier

(A) de huisdieren (B) huisdieren

Astuce Il existe un seul article défini au pluriel en néerlandais : **de**. Il s'utilise pour le genre commun et le genre neutre. Par contre, l'article indéfini au pluriel n'existe pas en néerlandais.

Focus Commander des produits

Corrigé page 52

Choisissez la bonne traduction en néerlandais.

1. Un hareng frais, s'il vous plaît.

(A) Verse haring dank u wel.

(B) Een verse haring graag.

2. Donne-moi alors un kilo de poires. - Voici.

(A) Doe maar een kilo peren. - Alsjeblieft.

(B) Geeft u mij nu een kilo peren. - Alstublieft.

3. Je vous écoute ! - Deux bananes.

(A) Ik hoor u! - Twee bananen.

(B) Zegt u het maar! - Twee bananen.

4. Un chou-fleur orange ? - Oui, volontiers.

(A) Een oranje bloemkool? - Ja, graag.

(B) De oranje bloemkolen? - Nou, prima.

Focus Parler des couleurs

Choisissez la bonne traduction en néerlandais.

1. jaune

(A) cheel (B) geel

2. violet

Ⓐ paars Ⓑ paarz

3. orange

Ⓐ orange Ⓑ oranje

4. rouge

Ⓐ rood Ⓑ groot

5. blanc

Ⓐ wit Ⓑ vit

6. vert

Ⓐ goen Ⓑ groen

Focus Savoir désigner les fruits/légumes et les poids/quantités

Corrigé page 52

Choisissez la bonne traduction en néerlandais.

1. Les pommes coûtent quatre euros la livre.

Ⓐ De appels kosten vier euros per pond.

Ⓑ De appels kosten vier euro per pond.

Ⓒ De aardappels kosten vier euro per pond.

2. As-tu aussi des poires ?

Ⓐ Heb je ook peren?

Ⓑ Hebben jullie ook peren?

Ⓒ Heb je ook bessen?

3. Bien sûr, cent grammes de groseilles ?

Ⓐ Jazeker, een halve kilo bessen?

Ⓑ Jazeker, een pond bessen?

Ⓒ Jazeker, een ons bessen?

Corrigé page 52

4. C'est deux euros alors.

- **A** Dat is dan twee euro.
- **B** Dat is dan twee euros.
- **C** Dat zijn dan twee euros.

5. Un euro la pièce.

- **A** Een euro de kamer.
- **B** Een euro per stuk.
- **C** Een euro de munt.

Astuce Il est très fréquent en néerlandais d'employer les noms **het ons** *cent grammes*, **het pond** *la livre*, **100 (honderd) gram** ou **een halve kilo** *un demi-kilo*. Lorsqu'un chiffre précède un nom indiquant un poids, ce dernier ne sera pas mis au pluriel. Il en est de même pour les prix : **twee euro** *deux euros*.

Focus Comprendre et employer des structures spécifiques aux achats

Complétez la phrase avec la bonne structure.

1. Doe ... ... *Donne(z)-moi alors deux cent grammes.*

- **A** maar twee ons
- **B** dus twee kilo.
- **C** even twee pond
- **D** graag twee ons.

2. ... u het ...! *Je vous écoute !*

- **A** Zeg - snel
- **B** Zegt - eigenlijk
- **C** Zegt - maar
- **D** Zeg - straks

3. ... ... de bananen? *Combien coûtent les bananes ?*

- **A** Hoeveel duur zijn
- **B** Hoe duur zijn
- **C** Hoe al kosten
- **D** Wat duur zijn

4. ... duur! *Que c'est cher !*

- **A** Hoe
- **B** Hoeveel
- **C** Waar
- **D** Wat

Focus Remercier et prendre congé

Corrigé page 52

Choisissez la bonne traduction.

1. Merci et au revoir. (vouvoiement)

   A Dank je wel en tot ziens. B Dank u wel en tot ziens. C Dank u wel en tot later.

2. Merci et à tout à l'heure. (tutoiement)

   A Dank je en tot straks. B Dank u en tot ziens. C Bedankt en tot later.

Focus La prononciation de la combinaison des lettres -ng, -nk, -nj, -sj

Choisissez la bonne transcription phonétique lorsque vous prononcez les mots ci-dessous.

1. lang

   A [L] [a] [ŋ] B [L] [a] [nX]

2. bank

   A [b] [a] [n] [k] B [b] [a] [ŋ] [k]

3. oranje

   A [o] [r] [a] [n] [j] [e] B [o] [r] [a] [ñ] [y] [e]

4. meisje

   A [m] [èy] [ch] [e] B [m] [èy] [s] [y] [e]

Astuce La combinaison des lettres **-ng** ne représente qu'un seul son, comme le son nasal dans ping-pong [ŋ]. Ce même son intervient aussi devant le **k** de la combinaison **-nk**. La combinaison **-nj** se prononce [ñy] : [ñ] représente le son **-gn** de peigne. La combinaison **-sj** se prononce [ch] comme dans cheval.

Module 5
WOORDENSCHAT

Verbes

kosten	*coûter*
doen	*faire*

Noms

de bes	*la groseille*
de appel	*la pomme*
het land	*le pays*
de boer	*le fermier*
de banaan	*la banane*
de kleur	*la couleur*
de groenteman	*le marchand de légumes*
de bloemkool	*le chou-fleur*
de peer	*la poire*
de aardappel	*la pomme de terre*
de haring	*le hareng*
het ons	*100 grammes*
de kilo	*le kilo*
het pond	*la livre (poids)*
de gram	*le gramme*
het stuk	*la pièce*

Adjectifs/Adverbes

half	*demi/e*
oranje	*orange (couleur)*
geel	*jaune*

paars	*violet/te*
groen	*vert/e*
duur	*cher/-ère*
vers	*frais/-iche*
graag	*volontiers, s'il te plaît, s'il vous plaît*

Locutions/Phrases essentielles

Hoeveel?	*Combien ?*
Hoe duur?	*Combien coûte(nt) ?*
Wat ...!	*Que c'est ... !*
jazeker	*bien sûr*
per	*par*
per stuk	*la pièce*
alstublieft	*voici*
alsjeblieft	*voici*
Doe maar ...!	*Donne-moi alors ... !*
Zegt u het maar!	*Je vous écoute !*
dank je (wel)	*merci (à toi)*
dank u (wel)	*merci (à vous)*
tot ziens	*au revoir*

Module 5
CORRIGÉ

VOTRE SCORE :

Basis

PAGE 44 - Le pluriel des noms
1 A | 2 C | 3 A | 4 B | 5 B | 6 C | 7 C | 8 B | 9 C | 10 A

PAGE 45 - Demander le prix d'un produit
1 A | 2 C | 3 B

PAGES 45-46 - Les articles définis et indéfinis au pluriel
1 B | 2 A | 3 A | 4 B | 5 A | 6 B

PAGE 46 - Commander des produits
1 B | 2 A | 3 B | 4 A

PAGES 46-47 - Parler des couleurs
1 B | 2 A | 3 B | 4 A | 5 A | 6 B

PAGES 47-48 - Savoir désigner les fruits/légumes et les poids/quantités
1 B | 2 A | 3 C | 4 A | 5 B

PAGE 48 - Comprendre et employer des structures spécifiques aux achats
1 A | 2 C | 3 B | 4 D

PAGE 49 - Remercier et prendre congé
1 B | 2 A

PAGE 49 - La prononciation de la combinaison des lettres **-ng**, **-nk**, **-nj**, **-sj**
1 A | 2 B | 3 B | 4 A

Vous avez obtenu entre 0 et 8 ? Oeps!

Vous avez obtenu entre 9 et 17 ? Iets te weinig ...

Vous avez obtenu entre 18 et 26 ? Niet slecht, maar ...

Vous avez obtenu entre 27 et 35 ? Heel goed.

Vous avez obtenu 36 et plus ? Uitstekend!

Focus Exprimer les liens familiaux

Corrigé page 62

Cochez la traduction correcte des noms soulignés en français.

1. Voilà <u>tante</u> Marijke et <u>oncle</u> Joop.

   (A) tante - oom (B) tente - oma (C) nicht - neef (D) oma - opa

2. Regarde, c'est moi avec <u>papi</u>.

   (A) oma (B) opa (C) neef (D) zoon

3. Le <u>cousin</u> de Joop habite ici.

   (A) broer (B) zoon (C) oom (D) neef

4. Elle, c'est ta <u>cousine</u>.

   (A) neef (B) nicht (C) dochter (D) zoon

5. Ce sont mes <u>enfants</u>.

   (A) kinderen (B) kinder (C) vriend (D) vrienden

6. Où sont tes <u>petits-enfants</u> ?

   (A) kleinkinds (B) grootkinder (C) kleinkinderen (D) overkinds

7. Mes <u>grands-parents</u> habitent là-bas.

   (A) overouders (B) grootouders (C) grootouder (D) overouds

8. Où est ta <u>fille</u> ?

   (A) kleindochter (B) moeder (C) nicht (D) dochter

9. Voilà ton <u>neveu</u>.

   (A) moeder (B) neef (C) nicht (D) vader

10. Le mari de ma <u>nièce</u> est Français.

    (A) nicht (B) zus (C) zoon (D) broer

Astuce Le nom **neef** peut avoir le sens de *cousin* ou *neveu*, tout comme **nicht** peut signifier *cousine* ou *nièce*. Le pluriel de **kind** est irrégulier : **kinderen**.

Module 6
BASIS

Focus Les nombres cardinaux de 1 à 19 (1)

Corrigé page 62

Cochez le chiffre/nombre qui manque dans chaque série.

1. zes - ... - acht - negen

   A zeventien B zestien C zeven

2. elf - twaalf - ...

   A dertien B drie C zestien

3. ... - vijftien - zestien

   A zeventien B veertien C achttien

Focus Les nombres cardinaux de 1 à 19 (2)

Cochez le nombre écrit en toutes lettres correspondant à celui donné en chiffres.

1. 13

   A tiendrie B dertien

2. 3

   A drie B der

3. 4

   A veer B vier

4. 14

   A veertien B tienvier

5. 18

   A acht B achttien

Astuce De 13 à 19, on indique d'abord l'unité, puis la dizaine.

Focus Parler de l'âge

Corrigé page 62

Choisissez la traduction correcte.

1. Tom a 13 ans.
   - A Tom is dertien jaren.
   - B Tom heeft dertien jaar.
   - C Tom is dertien.

2. Il a une petite-fille de 8 ans.
   - A Hij heeft kleindochters van acht.
   - B Hij heeft een kleindochter van acht.
   - C Hij is een kleindochter van acht jaar.

3. Elle a déjà 9 ans.
   - A Ze is al negen jaar.
   - B Ze zijn al negen jaren.
   - C Ze heeft al negen jaar.

Astuce En néerlandais, on utilise le verbe **zijn** pour indiquer son âge. L'emploi de **jaar** *an* est facultatif.

Focus L'inversion

Complétez avec la bonne forme du verbe.

1. Waar ... je?
   - A woont
   - B woon
   - C wonen

2. Hoe ... jij?
   - A hee
   - B heten
   - C heet

3. ... je voor de kaasproeverij?
   - A Komen
   - B Kom
   - C Komt

Corrigé page 62

4. ... je wie dat zijn?

Ⓐ Wet Ⓑ Weten Ⓒ Weet

Astuce En cas d'inversion du verbe et du sujet **je/jij** *tu* le **-t** de la conjugaison est supprimé, sauf pour les verbes dont le radical se termine déjà par un **-t**.

Focus L'accent tonique

Cochez la phrase dans laquelle le pronom personnel porte l'accent tonique.

1. Anja, as-tu l'album photo ?

Ⓐ Anja, heb jij het fotoalbum?

Ⓑ Anja, heb je het fotoalbum?

2. Ont-ils une fille de 8 ans ? Oui, c'est exact.

Ⓐ Hebben ze een dochter van 8? Ja, dat klopt.

Ⓑ Hebben zij een dochter van 8? Ja, dat klopt.

3. Regarde, elle a déjà des petits-enfants.

Ⓐ Kijk, ze heeft al kleinkinderen.

Ⓑ Kijk, zij heeft al kleinkinderen.

4. Nous avons une voisine espagnole.

Ⓐ Wij hebben een Spaanse buurvrouw.

Ⓑ We hebben een Spaanse buurvrouw.

Astuce Les formes en **-ij** sont les formes accentuées du pronom personnel sujet, sauf pour la forme unique **hij**. Ils s'utilisent pour faire ressortir le pronom et portent l'accent tonique.

Focus Les pronoms personnels sujets accentués

Complétez avec le bon pronom accentué.

1. ... komen uit Utrecht.

Ⓐ Ze Ⓑ We Ⓒ Wij Ⓓ Hij

2. ... hebben een huis op de dijk.

A Zij B Jij C We D U

3. ... hebt een hond.

A Hij B Zij C Wij D Jij

4. ... heeft een huisdier.

A Zij B Wij C Ze D Jij

5. Hoe spel ... dat?

A je B hij C jij D zij

6. ... bent zeker de nieuwe docente.

A Wij B Zij C Je D Jij

7. ... gaan beginnen.

A Ik B Je C Ze D Wij

8. Stellen ... de vragen?

A we B ze C u D zij

Focus L'adjectif épithète

Corrigé page 62

Choisissez la forme juste de l'adjectif épithète.

1. Hij is een ... jongen.

A aardig B ardig C aardige

2. Ze heeft ... kinderen.

A kleine B klein C kleyne

3. Ze wonen in ... dorpen.

A mooi B mooie C moie

4. Jullie hebben een ... huisdier.

A leuk B luke C leuke

5. Hij komt uit een ... dorp.

A grot B groot C grote

6. Het café met de ... luiken.

A rode B rood C rod

7. Een ... huis.

A niew B nieuwe C nieuw

Astuce L'adjectif épithète ne prend pas de **-e** final lorsqu'il est suivi d'un nom indéfini au singulier du genre neutre **(het)** : **een schattig meisje / een mooi dorp**. Attention, lorsque le nom est défini ou au pluriel, il convient d'ajouter un **-e** final : **het schattige meisje / (de) schattige meisjes, het mooie dorp / (de) mooie dorpen**

Focus La prononciation du « e » atone et du « e » final

Corrigé page 62

Cochez la prononciation correspondant au nom donné.

1. machine

A [ma:] [ch] [i:] [n] [e] B [ma:] [ch] [i:] [n]

2. bedankt

A [b] [e] [d [a] [ŋ] [k] [t] B [b] [é:] [d [a] [n] [k] [t]

3. aarde

A [a:] [r] [d] B [a:] [r] [d] [e]

4. meneer

A [m] [é:] [n] [é:] [r] B [m] [e] [n] [é:] [r]

Astuce Le **e** atone se prononce de façon relâchée : un peu comme dans le mot français *retour*. Contrairement au français, le **-e** final se prononce clairement.

Verbes

weten	*savoir*
kloppen	*être exact/e*
kijken	*regarder*

Pronoms personnels sujets accentués

ik	*je*
jij	*tu*
u	*vous (vouvoiement)*
hij	*il*
zij	*elle*
wij	*nous*
jullie	*vous (tutoiement pluriel)*
zij	*ils, elles*

Nombres cardinaux 1 à 19

1	*een*
2	*twee*
3	*drie*
4	*vier*
5	*vijf*
6	*zes*
7	*zeven*
8	*acht*
9	*negen*
10	*tien*
11	*elf*

Module 6
WOORDENSCHAT

12	*twaalf*
13	*dertien*
14	*veertien*
15	*vijftien*
16	*zestien*
17	*zeventien*
18	*achttien*
19	*negentien*

Famille

de oom	*l'oncle*
de tante	*la tante*
de opa	*le papi*
de oma	*la mamie*
de neef	*le neveu, le cousin*
de nicht	*la nièce, la cousine*
de zoon	*le fils*
de dochter	*la fille*
de broer	*le frère*
de zus	*la sœur*
de kleinzoon	*le petit-fils*
de kleindochter	*la petite-fille*
de grootvader	*le grand-père*
de grootmoeder	*la grand-mère*
het kind / de kinderen	*l'enfant / les enfants*

Noms

het fotoalbum	*l'album photo*
de aarde	*la terre*

Adjectifs/Adverbes

mooi	*beau/belle*
schattig	*mignon/ne*

Locutions/Phrases essentielles

Ze is al negen (jaar).	*Elle a déjà neuf ans.*
Hij heeft een zoon van acht (jaar).	*Il a un fils de huit ans.*

Module 6
CORRIGÉ

VOTRE SCORE :

Basis

PAGE 53 - Exprimer les liens familiaux
1 A | 2 B | 3 D | 4 B | 5 A | 6 C | 7 B | 8 D | 9 B | 10 A

PAGE 54 - Les nombres cardinaux de 1 à 19
1 C | 2 A | 3 B
1 B | 2 A | 3 B | 4 A | 5 B

PAGE 55 - Parler de l'âge
1 C | 2 B | 3 A

PAGES 55-56 - L'inversion
1 B | 2 C | 3 B | 4 C

PAGE 56 - L'accent tonique
1 A | 2 B | 3 B | 4 A

PAGES 56-57 - Les pronoms personnels sujets accentués
1 C | 2 A | 3 D | 4 A | 5 C | 6 D | 7 D | 8 D

PAGES 57-58 - L'adjectif épithète
1 C | 2 A | 3 B | 4 A | 5 B | 6 A | 7 C

PAGE 58 - La prononciation du « e » atone et du « e » final
1 A | 2 A | 3 B | 4 B

Vous avez obtenu entre 0 et 9 ? Oeps!

Vous avez obtenu entre 10 et 19 ? Iets te weinig ...

Vous avez obtenu entre 20 et 29 ? Niet slecht, maar ...

Vous avez obtenu entre 30 et 39 ? Heel goed.

Vous avez obtenu 40 et plus ? Uitstekend!

Focus Les nombres cardinaux de 20 à 102 (1)

Corrigé page 70

Cochez le chiffre/nombre qui manque dans chaque série.

1. eenentwintig - ... - drieëntwintig - vierentwintig

   A tweeentwintig   B tweeëntwintig   C tweejentwintig

2. achtendertig - negenendertig - ...

   A vijftig   B viertig   C veertig

3. honderd - honderdeen - ...

   A honderdtwee   B tweehonderd   C tweeenhonderd

Astuce De 21 à 99, on indique l'unité en premier lieu et ensuite la dizaine, en intercalant **en** entre les deux : 21 **eenentwintig**, 22 **tweeëntwintig**. Notez que le tréma indique que la lettre précédente se prononce séparément.

Focus Les nombres cardinaux de 20 à 102 (2)

Cochez le nombre écrit en toutes lettres correspondant à celui donné en chiffres.

1. 88

   A tachtigenacht   B achtentachtig

2. 43

   A drieënveertig   B drieenveertig

3. 36

   A zesendertig   B zesendrietig

4. 79

   A negenzeventeg   B negenenzeventig

5. 101

   A honderdeen   B eenhonderdeen

Module 7
BASIS

Focus Indiquer son numéro de téléphone

Cochez le numéro de téléphone en chiffres correspondant à celui écrit en toutes lettres.

1. nul - negen - vier - vijf - een

   A 01945 B 09451 C 19051

2. drie - een - twee - zes - zeven

   A 31267 B 30126 C 31269

3. zes - vijf - zeven - negen - acht - vier

   A 6075894 B 659748 C 657984

Astuce Les Néerlandais ont tendance à dire les numéros de téléphone chiffre par chiffre.

Focus Indiquer le numéro de la rue et le code postal

Corrigé page 70

Indiquez si l'ordre donné est correct ou faux.

1. De postcode is 1933 WH.

   A correct B faux

2. Mijn adres is 59 Naardenstraat, Eindhoven.

   A correct B faux

3. De postcode is WC2022.

   A correct B faux

4. Wat is het adres? - Keizersgracht 189, Amsterdam.

   A correct B faux

Astuce Aux Pays-Bas, le numéro de l'habitation suit le nom de la rue. Le code postal comporte quatre chiffres, une espace et deux lettres. Les chiffres font référence à la ville ou à un quartier. Les lettres spécifient la rue ou une partie de celle-ci.

Focus Utiliser quelques formules standards au téléphone

Corrigé page 70

Choisissez la bonne traduction.

1. Margot à l'appareil.
   - A Margot aan het apparaat.
   - B Met Margot.
   - C Hallo, met de telefoon.

2. Salut, c'est Ben. Est-ce que Julia est là ?
   - A Hallo met Ben. Is Julia thuis?
   - B Goedemorgen, ik ben Ben. Is Julia huis?
   - C Gezondheid, met Ben. Waar is Julia?

3. Je me suis trompé de numéro. Excusez-moi.
   - A Ik heb verkeerd verbonden. Sorry hoor.
   - B Ik ben een verkeerd nummer. Neemt u me niet kwalijk.
   - C Ik ben verkeerd verbonden. Neemt u me niet kwalijk.

4. Pardon, qui est à l'appareil ?
   - A Pardon, met wie spreek ik?
   - B Sorry, wie spreekt aan het apparaat?
   - C Pardon, wie spreek ik?

5. Vous êtes bien sur le répondeur de Anke.
   - A Dit is het antwoordapparaat van Anke.
   - B U bent zeker het antwoordapparaat van Anke.
   - C Ik ben het antwoordapparaat van Anke.

6. Je ne suis pas là pour l'instant, mais laissez-moi un message après le bip.
   - A Ik ben niet hier voor een moment, maar laat mij een boodschap na de piep.
   - B Ik ben een moment niet huis, maar spreek een boodschap na de piep.
   - C Ik ben momenteel niet thuis, maar spreek een boodschap in na de piep.

Module 7
BASIS

Astuce Aux Pays-Bas, la personne qui décroche le téléphone se présente avec son prénom ou nom de famille, précédé de **met** *avec*. La personne qui appelle, elle, se présentera après.

Focus Comprendre l'usage du diminutif

Corrigé page 70

Choisissez la bonne traduction.

1. Tu peux la joindre sur son portable.

   A Je kunt haar verbinden op haar mobiel.

   B Je kunt haar uitnodigen met haar mobieltje.

   C Je kunt haar bereiken op haar mobieltje.

2. Je veux lui envoyer un bouquet de fleurs.

   A Ik wil haar een bosje bloemen sturen.

   B Ik wil haar een bos met bloems sturen.

   C Ik wil haar een bosje van bloem sturen.

Astuce L'usage du diminutif est très fréquent en néerlandais. Il peut faire référence à la petite taille ou exprimer une affinité.

Focus Les pronoms interrogatifs

Choisissez le bon pronom interrogatif : **waar** *où,* **wat** *que/quoi/quel,* **wanneer** *quand,* **waarom** *pourquoi.*

1. … *(quand)* is ze terug?

   A Waarom B Wanneer C Wat D Waar

2. … *(que)* doet ze straks?

   A Waarom B Wanneer C Wat D Waar

3. … *(pourquoi)* wil je dat weten?

   A Waarom B Wanneer C Wat D Waar

4. … *(où)* woont u?

   A Waarom B Wanneer C Wat D Waar

Focus La forme interrogative

Corrigé page 70

Sélectionnez la question qui convient aux réponses données.

1. Ze gaat naar Amsterdam.
   - A Wat doet ze straks?
   - B Wat straks doet ze?
   - C Wat doet straks ze?
2. Dat weet ik niet.
   - A Wanneer terug ze is?
   - B Wanneer ze is terug?
   - C Wanneer is ze terug?
3. Ik wil haar uitnodigen.
   - A Waarom je wil dat weten?
   - B Waarom wil je dat weten?
   - C Waarom wil je weten dat?

Astuce Pour formuler une question avec un pronom interrogatif, il convient – dans une phrase interrogative simple – de commencer par le pronom, suivi du verbe conjugué, puis le sujet.

Focus La prononciation de la combinaison des lettres -ig et -lijk

Cochez la prononciation correspondant au nom donné.

1. twintig
   - A [t] [w] [ĭ] [n] [t] [e] [X]
   - B [t] [v] [ĭ] [n] [t] [è] [X]
2. kwalijk
   - A [k] [w] [a:] [L] [e] [k]
   - B [k] [w] [a:] [L] [èy] [k]
3. grappig
   - A [X] [r] [a] [p] [ĭ] [r]
   - B [X] [r] [a] [p] [e] [X]
4. natuurlijk
   - A [n] [a:] [t] [u:] [r] [L] [èy] [k]
   - B [n] [a:] [t] [u:] [r] [L] [e] [k]

Astuce Les suffixes **-ig** [eX] et **-lijk** [lek] se prononcent avec un **e** atone.

Module 7
WOORDENSCHAT

Verbes

inspreken	*parler, enregistrer*
bereiken	*joindre*
uitnodigen	*inviter*
sturen	*envoyer*

Nombres cardinaux 20 à 102

20	*twintig*
21	*eenentwintig*
22	*tweeëntwintig*
23	*drieëntwintig*
24	*vierentwintig*
25	*vijfentwintig*
26	*zesentwintig*
27	*zevenentwintig*
28	*achtentwintig*
29	*negenentwintig*
30	*dertig*
40	*veertig*
50	*vijftig*
60	*zestig*
70	*zeventig*
80	*tachtig*
90	*negentig*
100	*honderd*
101	*honderdeen*
102	*honderdtwee*

Pronoms interrogatifs

waar?	*où ?*
wat?	*que/quoi/quel ?*
wanneer?	*quand ?*
waarom?	*pourquoi ?*

Noms

de postcode	*le code postal*
de keizer	*l'empereur*
de gracht	*le canal, les douves*
de gezondheid	*la santé*
het antwoordapparaat	*le répondeur*
de boodschap	*le message*
de piep	*le bip*
de mobiel	*le (téléphone) portable*
de bos	*le bouquet*
de bloem	*la fleur*

Locutions/Phrases essentielles

Neemt u me niet kwalijk!	*Excusez-moi !*
Dit is het antwoordapparaat van ...	*Vous êtes sur le répondeur de ...*
Ik ben momenteel niet thuis.	*Je ne suis pas là pour l'instant.*
Spreek een boodschap in na de piep.	*Laissez-moi un message après le bip.*
Wanneer is ... terug?	*Quand sera ... de retour ?*

Module 7
CORRIGÉ

Basis

VOTRE SCORE :

PAGE 63 - Les nombres cardinaux de 20 à 102

1 B | 2 C | 3 A

1 B | 2 A | 3 A | 4 B | 5 A

PAGE 64 - Indiquer son numéro de téléphone

1 B | 2 A | 3 C

PAGE 64 - Indiquer le numéro de la rue et le code postal

1 A | 2 B | 3 B | 4 A

PAGES 65-66 - Utiliser quelques formules standards au téléphone

1 B | 2 A | 3 C | 4 A | 5 A | 6 C

PAGE 66 - Comprendre l'usage du diminutif

1 C | 2 A

PAGE 66 - Les pronoms interrogatifs

1 B | 2 C | 3 A | 4 D

PAGE 67 - La forme interrogative

1 A | 2 C | 3 B

PAGE 67 - La prononciation de la combinaison des lettres **-ig** et **-lijk**

1 A | 2 A | 3 B | 4 B

Vous avez obtenu entre 0 et 6 ? Oeps!

Vous avez obtenu entre 7 et 13 ? Iets te weinig ...

Vous avez obtenu entre 14 et 20 ? Niet slecht, maar ...

Vous avez obtenu entre 21 et 27 ? Heel goed.

Vous avez obtenu 28 et plus ? Uitstekend!

Focus Les jours de la semaine

Corrigé page 79

Cochez le nom du jour qui manque.

1. maandag - dinsdag - ...

Ⓐ donderdag Ⓑ zondag Ⓒ woensdag

2. zondag - ... - dinsdag

Ⓐ vrijdag Ⓑ zaterdag Ⓒ maandag

3. ... - zaterdag - zondag

Ⓐ vrijdag Ⓑ maandag Ⓒ dinsdag

4. woensdag - ... - vrijdag

Ⓐ zondag Ⓑ donderdag Ⓒ zaterdag

Focus La place de la négation niet *ne ... pas*

Répondez aux questions posées par la négative en mettant **niet** *au bon endroit.*

1. Is hij lief?

Ⓐ Hij is lief niet.

Ⓑ Hij is niet lief.

Ⓒ Hij niet is lief.

2. Kunt u op maandag?

Ⓐ Ik niet kan op maandag.

Ⓑ Ik op maandag niet kan.

Ⓒ Ik kan niet op maandag.

3. Sta ik in het bestand?

Ⓐ Je staat niet in het bestand.

Ⓑ Je staat in het bestand niet.

Ⓒ Je niet staat in het bestand.

4. Weet jij dat?

Ⓐ Nee, dat weet niet ik.

Ⓑ Nee, dat weet ik niet.

Ⓒ Nee, dat niet weet ik.

5. Is ze erg groot?

Ⓐ Ze is niet erg groot.

Ⓑ Ze niet is erg groot.

Ⓒ Ze is erg groot niet.

Astuce En règle générale, la négation **niet** *ne ... pas*, se place devant le complément, lorsque celui-ci est introduit par une préposition. Elle se place juste devant l'adjectif ou l'adverbe, si la négation porte sur ces derniers. Par contre, si elle porte sur toute la phrase, elle se place après le complément direct et si possible en fin de phrase.

Focus Les consonnes finales -v et -z

Corrigé page 79

Choisissez la bonne traduction en faisant attention à l'orthographe.

1. Je donne. Nous donnons.

Ⓐ Ik geef. We geven. Ⓑ Ik geev. We gefen.

2. Je voyage. Nous voyageons.

Ⓐ Ik reiz. We reisen. Ⓑ Ik reis. We reizen.

3. Elle est gentille.

Ⓐ Ze is lief. Ⓑ Ze is liev.

4. Je lis. Nous lisons.

Ⓐ Ik lees. We lezen. Ⓑ Ik leez. We lesen.

5. Je reste ou vous restez.

Ⓐ Ik blijv of jullie blijven. Ⓑ Ik blijf of jullie blijven.

6. J'écris une lettre.

Ⓐ Ik schrijf een brief. Ⓑ Ik schrijv een briev.

7. Le voleur est ici.

   (A) De dief is hier. (B) De diev is hier.

Astuce En néerlandais, les consonnes **-v** ou **-z** ne peuvent se trouver en position finale. Si c'est le cas, la consonne finale **-v** est remplacée par un **-f** et la consonne finale **-z** est remplacée par un **-s**.

Focus Le présent de l'indicatif des verbes du type geven *donner* et reizen *voyager*

Corrigé page 79

Choisissez la bonne forme du verbe.

1. We ... vaak naar het buitenland.

   (A) reizen (B) reisen (C) reiz (D) reis

2. Kunnen jullie Lisa een formulier ...?

   (A) geef (B) geev (C) geven (D) gefen

3. ... u mij dan maar drie bananen.

   (A) Geeft (B) Geevt (C) Geven (D) Gefen

4. Hij ... graag met de trein.

   (A) reizt (B) reist (C) reizen (D) reisen

5. Zij ... Alexander een glas wijn.

   (A) geeft (B) geevt (C) geeven (D) gefen

6. Hij ... graag thuis.

   (A) blijvt (B) blijft (C) blijven (D) blijfen

Astuce Pour obtenir la 1re personne du singulier, il faut enlever la terminaison **-en** : **geven** → **gev**. Ensuite, il convient de doubler la voyelle afin de préserver la prononciation longue de celle-ci : **gev** → **geev**. Puis, il est nécessaire d'appliquer la règle d'orthographe décrite ci-dessus, qui requiert le changement de **-v** en **-f** : **geev** → **geef**. Après cela, il convient de conjuguer le verbe. Le verbe **reizen** *voyager* suit le même schéma, mais il n'est pas nécessaire de doubler la voyelle, étant donné qu'il s'agit d'une diphtongue.

Module 8
BASIS

Focus Fixer une date

Corrigé page 79

Choisissez la bonne traduction.

1. Je ne peux pas le samedi.

   A Ik kan niet met zaterdag.

   B Ik kan niet op zaterdag.

   C Ik kan niet op zondag.

2. Mardi 7 novembre, c'est possible ?

   A Dinsdag 7 november, is dat mogelijk?

   B Woensdag 8 november, is dat mogelijk?

   C Dinsdag in 7 november, is dat mogelijk?

3. J'ai de la place le 6 octobre.

   A Ik heb plaats op 6 oktober.

   B Ik heb plaats in 6 oktober.

   C Ik heb de plaats op 6 oktober.

4. Oui, c'est possible. Je note la date.

   A Ja, ik kan de datum noteren.

   B Nee dat kan niet. Ik noteer de datum.

   C Ja, dat kan. Ik noteer de datum.

Astuce La préposition **op** *sur* s'utilise devant une date ou un jour.

Focus Les expressions nodig hebben *avoir besoin* et een afspraak maken *prendre rendez-vous*

Indiquez si l'ordre des mots est correct ou faux.

1. Ik heb een nieuwe identiteitskaart nodig.

   A correct B faux

2. U moet eerst nemen een afspraak.

(A) correct (B) faux

3. Ze hebben nodig hun eigen kaart.

(A) correct (B) faux

Corrigé page 79

4. Ze wil een afspraak maken.

(A) correct (B) faux

Astuce Notez que dans l'expression **nodig hebben**, le complément se place entre le verbe **hebben** et l'adverbe **nodig**, rejeté en fin de phrase.

Focus Poser des questions sur l'identité et l'âge, et savoir y répondre

Complétez avec le mot correct.

1. ... oud zijn ze? *Quel âge ont-ils ?*

(A) Wat (B) Hoe (C) Waar (D) Hoeveel

2. ... is uw naam? *Quel est votre nom ?*

(A) Hoe (B) Waarom (C) Wat (D) Wanneer

3. Ze ... 15 en 17. *Ils ont 15 et 17 ans.*

(A) heeft (B) zijn (C) hebben (D) is

4. Ik ... Elisabeth Vos, maar zeg maar Lisa. *Je suis Elisabeth Vos, mais tu peux m'appeler Lisa.*

(A) zijn (B) hebben (C) ben (D) heb

Astuce Le nom de baptême donnait auparavant lieu au prénom usuel. Ce dernier ne fait pas forcément partie des noms officiels donnés à la naissance, mais il s'utilise fréquemment comme petit nom. Le prénom **Elisabeth** peut par exemple devenir **Bettie**, **Elisa**, **Ella**, **Els**, **Elles**, **Elsbeth**, **Ilse**, **Lies**, **Liesbeth** ou encore **Lisa**.

Module 8
BASIS

Focus La structure om te *afin de, pour*

Choisissez la bonne traduction.

1. Elle a besoin d'une carte d'identité pour pouvoir voyager à l'étranger.

   A Ze heeft een identiteitskaart nodig om naar het buitenland kunnen reizen.

   B Ze heeft een identiteitskaart nodig om naar het buitenland te kunnen reizen.

2. J'ai besoin d'une date afin de prendre rendez-vous.

   A Ik heb een datum nodig om een afspraak te maken.

   B Ik heb een datum nodig om een afspraak maken.

Astuce La structure **om + te**, est traduite par *pour, afin de*. La conjonction **om** introduit une subordonnée circonstancielle de but et elle est suivie d'un ou plusieurs compléments et **te** + infinitif en fin de phrase.

Focus Les prépositions

Choisissez la bonne préposition.

Corrigé page 79

1. Ik heb plaats ... 11 oktober.

   A op B met C naar D aan

2. We kunnen niet ... woensdag.

   A voor B van C per D op

3. Ze staan niet ... het bestand.

   A achter B in C na D aan

4. Willen jullie ... het buitenland reizen?

   A uit B met C naar D over

5. Jullie kunnen haar bereiken ... haar mobieltje.

   A voor B over C op D van

6. *Tring, tring.* ... Margot.

   A Per B Met C Na D Aan

Verbes

Présent de l'indicatif des verbes **geven** *donner* et **reizen** *voyager*

	geven, *donner*	**reizen**, *voyager*
ik	**geef**, *je donne*	**reis**, *je voyage*
je	**geeft**, *tu donnes*	**reist**, *tu voyages*
u	**geeft**, *vous donnez*	**reist**, *vous voyagez*
hij, ze	**geeft**, *il/elle donne*	**reist**, *il/elle voyage*
we	**geven**, *nous donnons*	**reizen**, *nous voyageons*
jullie	**geven**, *vous donnez*	**reizen**, *vous voyagez*
ze	**geven**, *ils/elles donnent*	**reizen**, *ils/elles voyagent*
	lezen	*lire*
	blijven	*rester*
	schrijven	*écrire*
	moeten	*devoir*

Jours de la semaine

maandag (de)	*lundi*
dinsdag (de)	*mardi*
woensdag (de)	*mercredi*
donderdag (de)	*jeudi*
vrijdag (de)	*vendredi*
zaterdag (de)	*samedi*
zondag (de)	*dimanche*

Noms

het bestand	*le fichier*
de brief	*la lettre*

Module 8
WOORDENSCHAT

de dief	*le voleur*
het buitenland	*l'étranger (pays)*

Adjectifs/Adverbes

niet	*ne ... pas*
oud	*vieux/vieille*
graag	*volontiers*

Conjonctions

of	*ou*
maar	*mais*

Locutions/Phrases essentielles

nodig hebben	*avoir besoin*
een afspraak maken	*prendre rendez-vous*
Hoe oud?	*Quel âge ?*
om + te + infinitif	*pour, afin de*
Dat kan.	*C'est possible.*

Module 8
CORRIGÉ

VOTRE SCORE :

Basis

PAGE 71 - Les jours de la semaine
1 C | 2 C | 3 A | 4 B

PAGES 71-72 - La place de la négation **niet** *ne ... pas*
1 B | 2 C | 3 A | 4 B | 5 A

PAGES 72-73 - Les consonnes finales **-v** et **-z**
1 A | 2 B | 3 A | 4 A | 5 B | 6 A | 7 A

PAGE 73 - Le présent de l'indicatif des verbes du type **geven** *donner* et **reizen** *voyager*
1 A | 2 C | 3 A | 4 B | 5 A | 6 B

PAGE 74 - Fixer une date
1 B | 2 A | 3 A | 4 C

PAGES 74-75 - Les expressions **nodig hebben** *avoir besoin* et **een afspraak maken** *prendre rendez-vous*
1 A | 2 B | 3 B | 4 A

PAGE 75 - Poser des questions sur l'identité et l'âge, et savoir y répondre
1 B | 2 C | 3 B | 4 C

PAGE 76 - La structure **om te** *afin de, pour*
1 B | 2 A

PAGE 76 - Les prépositions
1 A | 2 D | 3 B | 4 C | 5 C | 6 B

Vous avez obtenu entre 0 et 8 ? Oeps!

Vous avez obtenu entre 9 et 17 ? Iets te weinig ...

Vous avez obtenu entre 18 et 26 ? Niet slecht, maar ...

Vous avez obtenu entre 27 et 34 ? Heel goed.

Vous avez obtenu 35 et plus ? Uitstekend!

Module 9
BASIS

Focus Spécifier les moments de la journée

Choisissez la bonne traduction du mot donné entre parenthèses.

1. Het is twee uur … *(de l'après-midi)*.

   A 's ochtend B 's middags C avonds D 's nachts

2. Het is zeven uur … *(du matin)*.

   A 's morgens B in avond C ochtend D middags

3. Het is elf uur … *(du soir)*.

   A avond B 's middags C 's avonds D nachts

4. Het is vijf uur … *(de la nuit)*.

   A de nacht B in ochtend C middags D 's nachts

Astuce Pour indiquer l'heure dans le langage courant, on compte de 1 à 12 et on précise, si nécessaire, le moment de la journée à l'aide des expressions : **'s nachts** *de la nuit*, **'s ochtends / 's morgens** *du matin*, **'s middags** *de l'après-midi* et **'s avonds** *du soir*.

Focus Dire l'heure

Corrigé page 88

Cochez la phrase correspondant à l'heure donnée.

1. 2 h 05

   A Het is vijf over twee.

   B Het is twee over vijf.

   C Het is twee en vijf minuten.

2. 4 h 20

   A Het is tien over vier.

   B Het is tien minuten voor half vijf.

   C Het is tien voor half vier.

3. 5 h 45

Ⓐ Het is kwart voor zes.

Ⓑ Het is een kwartier voor zes.

Ⓒ Het is kwart voor vijf.

Corrigé page 88

4. 8 h 35

Ⓐ Het is vijf minuten over half acht.

Ⓑ Het is vijf na half negen.

Ⓒ Het is vijf over half negen.

5. 10 h 50

Ⓐ Het is tien voor tien uur.

Ⓑ Het is tien voor elf.

Ⓒ Het is elf min tien minuten.

Astuce Attention, la demie est annoncée par rapport à l'heure à venir.

Focus Le présent de l'indicatif des verbes du type gaan *aller* et doen *faire*

Choisissez la forme correcte du verbe.

1. Ik ... een kroketje eten.

Ⓐ gaa Ⓑ gaan Ⓒ ga Ⓓ gan

2. ... je je joggingpak aan?

Ⓐ Doe Ⓑ Doet Ⓒ Doen Ⓓ Dou

3. ... je met de tram?

Ⓐ Ga Ⓑ Gaa Ⓒ Gaan Ⓓ Gan

4. Bram ... om zeven uur op.

Ⓐ staan Ⓑ sta Ⓒ staat Ⓓ stat

5. Je ... op de fiets.

A gaan B ga C gat D gaat

6. ... je niet op?

A Staa B Sta C Staan D Staat

7. April ... wat hij wil.

A doet B doen C doe D dout

Astuce Pour trouver la racine des verbes de type **gaan** *aller* et **doen** *faire*, il suffit d'enlever le **-n** final. Rappelez-vous que pour conserver l'allongement de la voyelle longue **a**, il est nécessaire de la doubler en syllabe fermée : **ik ga**, **je gaat**.

Focus Les structures zin hebben om te / zin hebben in *avoir envie de*

Choisissez la bonne traduction.

1. J'ai envie de rester au lit.

A Ik heb zin om te blijven in bed.

B Ik om in bed te blijven heb zin.

C Ik heb zin om in bed te blijven.

Corrigé page 88

2. Nous avons envie de frites avec de la mayonnaise.

A We hebben zin in een patatje met mayonaise.

B We hebben zin een patatje met mayonaise.

C We zin hebben in een patatje met mayonaise.

3. Emma a envie de m'accompagner.

A Emma heeft zin om met me meegaan.

B Emma heeft zin om met me mee te gaan.

C Emma heeft zin in met me meegaan.

4. Bram a envie d'un verre de vin blanc.

   A Bram heeft zin om een glas witte wijn.

   B Bram heeft zin om een glas witte wijn drinken.

   C Bram heeft zin in een glas witte wijn.

Astuce Ne confondez pas la structure **zin hebben in** + nom, *avoir envie de* + nom avec la structure **zin hebben om** + **te** + infinitif *avoir envie de* + infinitif.

Focus Demander et donner l'heure

Corrigé page 88

Choisissez la bonne traduction.

1. Quelle heure est-il ?

   A Welk uur is het?

   B Hoe laat is het?

2. Il est deux heures.

   A Het is twee uur.

   B Het is twee uren.

3. De l'après-midi ou du matin ?

   A 'S middags of 's nachts?

   B 's Middags of 's nachts?

4. À quelle heure seras-tu de retour ?

   A Hoe laat ben je terug?

   B Om hoeveel uur ben je terug?

5. Je serai de retour à cinq heures cinq.

   A Ik ben om vijf over vijf terug.

   B Ik ben terug op vijf uur vijf.

Astuce Notez que **uur** reste au singulier après un nombre.

Module 9
BASIS

Focus Les prépositions om, met, op, tot, voor et over

Corrigé page 88

Choisissez la bonne préposition.

1. Ga je ... de tram?

   A om
   B met
   C op
   D tot

2. Ze gaan ... de fiets.

   A op
   B voor
   C om
   D over

3. Ik blijf in bed ... half zeven vanavond.

   A voor
   B met
   C over
   D tot

4. Het is nu al tien ... *(moins)* twee.

   A over
   B om
   C voor
   D min

5. De bus vertrekt ... een kwartiertje.

   A over
   B om
   C tot
   D voor

Focus Les horaires officiels

Cochez les horaires en toutes lettres correspondant à ceux donnés en chiffres.

1. 9 h 18

   A achttien uur negen
   B negen uur achttien

2. 12 h 26

   A twaalf uur zesentwintig
   B twaalf uur over zesentwintig

3. 20 h 16

   A zestien uur twintig
   B twintig uur zestien

4. 3 h 44

   A kwart voor vier
   B drie uur vierenveertig

Focus La prononciation de la combinaison des lettres ch et gr

Corrigé page 88

Cochez la prononciation correspondant au nom donné.

1. nacht

   A [n] [a] [X] [t] — B [n] [a] [r] [t]

2. graag

   A [X] [r] [a:] [X] — B [X] [r] [a:] [r]

3. grote

   A [X] [o:] [t] [e] — B [X] [r] [o:] [t] [e]

4. ochtend

   A [o] [X] [t] [e] [n] [d] — B [o] [X] [t] [e] [n] [t]

Astuce La combinaison des lettres **ch** se prononce comme la jota espagnole [X]. Les deux sons de la combinaison des lettres **gr** sont clairement prononcés : [Xr].

Focus La prononciation de la lettre s

Cochez la prononciation correspondant au nom donné.

1. 's nachts

   A [z] [n] [a] [X] [t] [z] — B [s] [n] [a] [X] [t] [s]

2. Spaans

   A [s] [p] [a:] [n] [s] — B [s] [p] [a:] [n] [z]

3. 's ochtends

   A [z] [o] [r] [t] [e] [n] [s] — B [s] [o] [X] [t] [e] [n] [s]

4. oppas

   A [o] [p] [a] [s] — B [o] [p] [a] [z]

Astuce Le **s** se prononce toujours « sifflant ». L'apostrophe **s** et le -**s** final se prononcent d'un seul trait.

Module 9
WOORDENSCHAT

Verbes

Présent de l'indicatif des verbes **gaan** *aller* et **doen** *faire*

	gaan, *aller*	**doen**, *faire*
ik	**ga**, *je vais*	**doe**, *je fais*
je	**gaat**, *tu vas*	**doet**, *tu fais*
u	**gaat**, *vous allez*	**doet**, *vous faites*
hij, ze	**gaat**, *il/elle va*	**doet**, *il/elle fait*
we	**gaan**, *nous allons*	**doen**, *nous faisons*
jullie	**gaan**, *vous allez*	**doen**, *vous faites*
ze	**gaan**, *ils/elles vont*	**doen**, *ils/elles font*
	aandoen	*mettre (vêtement)*
	opstaan	*se lever*
	meegaan	*accompagner*
	vertrekken	*partir*

Moments de la journée

's ochtends / 's morgens	*du matin*
's middags	*de l'après-midi*
's avonds	*du soir*
's nachts	*de la nuit*

Noms

de minuut	*la minute*
het uur	*l'heure*
het kwartier	*le quart d'heure*
het kwart	*le quart*
de kroket	*la croquette*

het joggingpak	*le jogging (vêtement)*
de patat	*les frites*

Adjectifs/Adverbes

laat	*tard*
terug	*de retour*

Prépositions

over	*et (+ heure)*
voor	*moins (+ heure)*
om	*à (+ heure)*
tot	*jusqu'à*
op	*sur, à*
met	*avec, en*

Locutions/Phrases essentielles

Hoe laat is het?	*Quelle heure est-il ?*
Het is ... uur.	*Il est ... heures.*
op de fiets	*à vélo*
met de tram	*en tram*
zin hebben om te (+ infinitif)	*avoir envie de (+ infinitif)*
zin hebben in (+ nom)	*avoir envie de (+ nom)*
in bed blijven	*rester au lit*

Module 9
CORRIGÉ

Basis

PAGE 80 - Spécifier les moments de la journée

1 B | 2 A | 3 C | 4 D

PAGES 80-81 - Dire l'heure

1 A | 2 B | 3 A | 4 C | 5 B

PAGES 81-82 - Le présent de l'indicatif des verbes du type **gaan** *aller* et **doen** *faire*

1 C | 2 A | 3 A | 4 C | 5 D | 6 B | 7 A

PAGES 82-83 - Les structures **zin hebben om te / zin hebben in** *avoir envie de*

1 C | 2 A | 3 B | 4 C

PAGE 83 - Demander et donner l'heure

1 B | 2 A | 3 B | 4 A | 5 A

PAGE 84 - Les prépositions **om**, **met**, **op**, **tot**, **voor** et **over**

1 B | 2 A | 3 D | 4 C | 5 A

PAGE 84 - Les horaires officiels

1 B | 2 A | 3 B | 4 B

PAGE 85 - La prononciation de la combinaison des lettres **ch** et **gr**

1 A | 2 A | 3 B | 4 B

PAGE 85 - La prononciation de la lettre **s**

1 B | 2 A | 3 B | 4 A

Vous avez obtenu entre 0 et 8 ? Oeps!

Vous avez obtenu entre 9 et 17 ? Iets te weinig ...

Vous avez obtenu entre 18 et 26 ? Niet slecht, maar ...

Vous avez obtenu entre 27 et 34 ? Heel goed.

Vous avez obtenu 35 et plus ? Uitstekend!

Focus Le présent de l'indicatif des verbes du type stoppen *arrêter* et beginnen *commencer*

Corrigé page 98

Choisissez la forme correcte du verbe.

1. De les ... over vijf minuten.
   (A) beginnt (B) begint (C) begin (D) beginnen
2. De bus ... hier.
   (A) stopt (B) stopp (C) stoppt (D) stop
3. ... jij je joggingpak aan?
   (A) Trekt (B) Trekk (C) Trek (D) Trekken
4. ... u Eva?
   (A) Ken (B) Kent (C) Kennt (D) Kenen
5. Hij ... een kop koffie.
   (A) bestelt (B) bestell (C) bestel (D) bestellen
6. Eva en Tessa ... de trein.
   (A) mist (B) misen (C) miss (D) missen
7. Wie ... de vragen?
   (A) steelt (B) stelen (C) stel (D) stelt

Astuce La 1re personne du singulier se forme en enlevant la terminaison **-en** (ou **-n**) de l'infinitif. En faisant cela, on retire en même temps la consonne superflue : **stoppen → stop**, **beginnen → begin**.

Focus Les pronoms personnels objets accentués

Remplacez le nom entre parenthèses par le bon pronom.

1. Ik zie ... (de brief).
   (A) hem (B) haar (C) hun (D) mij
2. Hoe gaat het met ... (Eva)?
   (A) hem (B) hun (C) haar (D) ons

3. Ik geef ... (de kinderen) een formulier.

A ons B u C jullie D hun

4. Alles is goed met ... *(nous)*.

A mij B ons C hen D jou

5. Een kort berichtje van ... *(moi)*.

A haar B jullie C mij D het

6. We zien ... (Bas en Isa) niet.

A hen B hem C ons D jullie

7. Ik zie ... *(te)* niet.

A jou B u C hun D hem

8. Hoe gaat het met ... (Mirjam en Rob)?

A haar B hem C jullie D hen

Astuce Le pronom personnel **hem** peut désigner des personnes du sexe masculin ou des noms du genre commun. Par contre **haar** ne peut désigner que des personnes du sexe féminin. Le pronom personnel **hen** s'utilise comme objet direct ou objet indirect accompagné d'une préposition. En revanche **hun** s'utilise comme pronom objet indirect sans préposition.

Focus Les pronoms personnels objets accentués

Corrigé page 98

Choisissez la bonne traduction.

1. Elle va bien.

A Alles is goed met mij.

B Alles gaat goed met haar.

2. Nous lui donnons l'album photo (à lui).

A We geven ze het fotoalbum.

B We geven hem het fotoalbum.

3. Et Eric : comment va-t-il ?

A En met Eric: hoe is het met hem?

B En met Eric: hoe is het met haar?

4. Et les enfants ? Comment vont-ils ?

A En de kinderen? Hoe gaat het met hen?

B En de kinderen? Hoe gaat het met hem?

Focus Prendre des nouvelles et en donner

Corrigé page 98

Complétez par le mot manquant adapté.

1. Hoe ... het met je? *Comment vas-tu ?*

A doet B bent C gaat D komt

2. En ... je man? Hoe is ... met hem? *Et ton mari ? Comment va-t-il ?*

A met - het B tot - dat C aan - dit D van - de

3. Alles ... ... met mij. *Je vais bien.*

A ga - grappig B bent - gewoon C gaat - graag D is - goed

4. Ik hoop dat het ... met je moeder gaat. *J'espère que ta mère va mieux.*

A goed B beter C lief D zeker

5. Met mijn broers is het ook ... . *Mes frères vont très bien aussi.*

A prima B fijn C mooi D leuk

6. Doe haar de ... van me! *Transmets-lui mes amitiés !*

A boodschap B liefs C vriend D groeten

7. Laat maar snel iets van je ...! *Donne-moi vite de tes nouvelles !*

A geven B horen C kennen D schrijven

8. Een kort ... van me. *Un petit message de ma part.*

A berichtje B antwoord C e-mail D telefoon

Focus Rédiger une lettre ou un e-mail

Corrigé page 98

Choisissez la bonne traduction.

1. Chère Tessa.
   - A Lief Tessa.
   - B Lieve Tessa.
   - C Liefs Tessa.

2. Cher collègue.
   - A Beste collega.
   - B Lief collega.
   - C Geacht collega.

3. Mesdames et messieurs.
   - A Mevrouw en meneren.
   - B Vrouwen en heren.
   - C Dames en heren.

4. Un e-mail de ma part.
   - A Een briefje van me.
   - B Een e-mail van ze.
   - C Een e-mail van me.

5. Transmets-lui mes amitiés !
   - A Doe hem de groeten van me!
   - B Geef haar de groet van me!
   - C Stuur hun de groeten van me!

6. Vous êtes toujours les bienvenus chez nous.
   - A U bent altijd goed komen bij ons.
   - B Jullie zijn altijd welkom bij ons.
   - C Jullie zijn altijd thuis bij ons.

7. Madame, comment allez-vous ?

   (A) Geachte mevrouw, Hoe gaat het met u?

   (B) Lieve mevrouw, Hoe is het met u?

   (C) Beste vrouw, Hoe gaat het met je?

Corrigé page 98

Astuce Lorsque vous vous adressez à la famille proche ou aux amis intimes, commencez votre courrier/e-mail par **Lieve** *Cher/s, Chère/s*. Dans les autres cas, optez pour **Beste** *Cher/s, Chère/s*. Un courrier formel commence par **Geachte heer** *Monsieur*, **Geachte mevrouw** *Madame*. Pour s'adresser à un public, on utilise la formule **Dames en heren** *Mesdames et messieurs.*

Focus Utiliser quelques formules standards de salutation par écrit (1)

Choisissez la bonne traduction.

1. Je t'embrasse, Margot.

   (A) Liefs, Margot.

   (B) Lief, Margot.

   (C) Lievs, Margot.

2. Amicalement, Frank.

   (A) Met liefs, Frank.

   (B) Lief groeten, Frank.

   (C) Met vriendelijke groeten, Frank.

3. Cordialement, Marijke.

   (A) Hartelijke groeten, Marijke.

   (B) Hatelijke groeten, Marijke.

   (C) Vrienden groeten, Marijke.

4. Veuillez agréer, Monsieur, mes sentiments distingués, H. Groot.

   (A) Wilt u mijn groeten accepteren, H. Groot.

   (B) Hoogachtend, H. Groot.

   (C) Meneer, accepteer mijn ernstige groeten, H. Groot.

Module 10
BASIS

Focus Utiliser quelques formules standards de salutation par écrit (2)

Trouvez l'intrus.

1. liefs - lieve - hoogachtend

A liefs B lieve C hoogachtend

2. hoogachtend - met vriendelijke groeten - beste

A hoogachtend B met vriendelijke groeten C beste

3. geachte - hoogachtend - liefs

A geachte B hoogachtend C liefs

Focus Il ne peut y avoir deux consonnes identiques à la fin d'un mot

Complétez par le mot manquant, en faisant attention à l'orthographe.

Corrigé page 98

1. ... je met je studie?

A Stoop B Stopp C Stop

2. Ik ... om 2 uur.

A begin B beginn C beginne

3. ... het maar!

A Zeg B Zegg C Zegt

4. Hoe ... je dat?

A spelt B spell C spel

5. Ik ... je straks even aan hem voorstellen.

A wille B wil C will

6. Ik ... een zoon en een dochter.

A heb B hebb C hebt

7. Zij ... met haar werk.

A stop B stopt C stoppt

Focus Les prépositions

Corrigé page 98

Choisissez la bonne préposition.

1. ... mijn broers is het ook prima.

   A Met
   B Uit
   C Na
   D Van

2. Ze beginnen ... hun studie.

   A tot
   B van
   C op
   D met

3. Jullie zijn welkom ... ons.

   A voor
   B naar
   C bij
   D na

4. Doe haar de groeten ... me.

   A per
   B van
   C over
   D aan

Focus La forme interrogative

Sélectionnez la question qui convient aux réponses données.

1. Met mij gaat het prima.

   A Hoe gaat het met jou?
   B Hoe gaat het met haar?

2. De bloemkolen kosten twee euro per stuk.

   A Hoeveel kosten de bloemen?
   B Hoeveel kosten de bloemkolen?

3. Het is negen uur.

   A Hoe laat is het?
   B Wie veel laat is het?

Module 10
WOORDENSCHAT

Verbes

aantrekken	*mettre (vêtement)*
bestellen	*commander*
missen	*manquer*
hopen	*espérer*
laten	*laisser*
horen	*écouter, entendre*
sturen	*envoyer*

Pronoms personnels objets accentués

mij	*me, moi*
jou	*te, toi*
u	*vous*
hem	*le, la, lui*
haar	*la, lui*
het	*le, la, lui*
ons	*nous*
jullie	*vous*
hen	*les, eux, elles*
hun	*leur*

Noms

de les	*la leçon, le cours*
de kop	*la tasse*
de man	*l'homme, le mari*
het bericht	*le message*
de collega	*le collègue*
de mevrouw	*la madame*

de heer	*le monsieur*
de vrouw	*la femme, l'épouse*
de studie	*les études*
het werk	*le travail*
de groet	*la salutation*

Adjectifs/Adverbes

beter	*mieux*
snel	*vite*
altijd	*toujours*
ernstig	*sérieux/-se*
kort	*court/e, bref/-ève*

Locutions/Phrases essentielles

Hoe gaat/is het met ...?	*Comment va/allez ... ?*
Alles gaat/is goed met ...	*Tout/ça va bien ...*
de groeten doen	*transmettre ses amitiés*
welkom zijn	*être le/la bienvenu/e*
iets laten horen	*donner de ses nouvelles*
Lieve ... / Beste ...	*Cher/s, Chère/s*
Geachte heer	*Monsieur*
Geachte mevrouw	*Madame*
Dames en heren	*Mesdames et messieurs*
Liefs	*Cher/s, Chère/s, Je t'embrasse*
Met vriendelijke groeten	*Amicalement*
Hartelijke groeten	*Cordialement, Chaleureusement*
Hoogachtend	*Veuillez agréer ... mes sentiments distingués*

Module 10
CORRIGÉ

Basis

PAGE 89 - Le présent de l'indicatif des verbes du type **stoppen** *arrêter* et **beginnen** *commencer*
1 B | 2 A | 3 C | 4 B | 5 A | 6 D | 7 D

PAGES 89-90 - Les pronoms personnels objets accentués
1 A | 2 C | 3 D | 4 B | 5 C | 6 A | 7 A | 8 D

VOTRE SCORE :

PAGES 90-91 - Les pronoms personnels objets accentués
1 B | 2 B | 3 A | 4 A

PAGE 91 - Prendre des nouvelles et en donner
1 C | 2 A | 3 D | 4 B | 5 A | 6 D | 7 B | 8 A

PAGES 92-93 - Rédiger une lettre ou un e-mail
1 B | 2 A | 3 C | 4 C | 5 A | 6 B | 7 A

PAGE 93 - Utiliser quelques formules standards de salutation par écrit
1 A | 2 C | 3 A | 4 B

PAGE 94 - Utiliser quelques formules standards de salutation par écrit
1 C | 2 A | 3 C

PAGE 94 - Il ne peut y avoir deux consonnes identiques à la fin d'un mot
1 C | 2 A | 3 A | 4 C | 5 B | 6 A | 7 B

PAGE 95 - Les prépositions
1 A | 2 D | 3 C | 4 B

PAGE 95 - La forme interrogative
1 A | 2 B | 3 A

Vous avez obtenu entre 0 et 10 ? **Oeps!**

Vous avez obtenu entre 11 et 21 ? **Iets te weinig ...**

Vous avez obtenu entre 22 et 32 ? **Niet slecht, maar ...**

Vous avez obtenu entre 33 et 44 ? **Heel goed.**

Vous avez obtenu 45 et plus ? **Uitstekend!**

Focus Lexique des différentes pièces d'un logement

Corrigé page 107

Choisissez la bonne traduction.

1. la salle de bain

   A de eetkamer B de badkamer C de berging D de keuken

2. le séjour

   A de woonkamer B de kamer C de douche D de wc

3. le débarras

   A de kamer B de garage C de berging D de douche

4. les toilettes

   A de slaapkamer B het toilet C de badkamer D de kamer

5. la chambre

   A de woonkamer B de douche C de kamer D de garage

6. la cuisine

   A de keuken B de berging C de wc D de kamer

Focus Les différents noms se référant à l'habitation

Trouvez l'intrus.

1. de open keuken - de flat - de woning

   A de open keuken B de flat C de woning

2. het appartement - de flat - de kamer

   A het appartement B de flat C de kamer

3. het flatgebouw - het huis - de begane grond

   A het flatgebouw B het huis C de begane grond

Module 11
BASIS

Focus L'adjectif démonstratif au singulier deze, dit *ce, cet, cette ... - ci* et die, dat *ce, cet, cette ... - là*

Corrigé page 107

Choisissez le bon adjectif démonstratif.

1. Cet appartement-ci

   A Dit flat — C Dat flat

   B Deze flat — D Die flat

2. Ce logement-là

   A Die woning — C Deze woning

   B Dit woning — D Dat woning

3. Cet immeuble-ci

   A Die gebouw — C Dat gebouw

   B Deze gebouw — D Dit gebouw

4. Cette maison-là

   A Dit huis — C Dat huis

   B Deze huis — D Die huis

Astuce Les adjectifs démonstratifs au singulier **dit** et **dat** réfèrent au genre neutre, et **deze** et **die** au genre commun.

Focus L'adjectif démonstratif au pluriel deze *ces ... - ci* et die *ces ... - là*

Choisissez le bon adjectif démonstratif.

1. Ces placards-ci

   A Deze kasten — B Die kasten

2. Ces messages-là

   A Deze berichten — B Die berichten

3. Ces enfants-ci

   A Die kinderen — B Deze kinderen

4. Ces maisons-là

   A Die huizen B Deze huizen

Focus L'adjectif démonstratif deze, dit et die, dat

Indiquez s'il s'agit d'une nette proximité entre la personne et l'objet ou pas.

1. Ik vind dit huis mooi.

   A oui B non

2. Die computers zijn oud.

   A oui B non

3. Dat balkon is klein.

   A oui B non

4. Deze witte wijn is duur.

   A oui B non

Focus Le pluriel des noms

Corrigé page 107

Mettez ces noms à la forme plurielle.

1. de kamer

   A de kameren B de kamers C de kammers

2. het pakje

   A de pakjes B het pakjes C de pakje

3. de vogel

   A de vogellen B de vogel C de vogels

4. het biertje

   A de bieren B de biertjes C het biertjes

5. de dame

   A de dames B de damen C de dammes

6. het berichtje

Ⓐ de berichtjen Ⓑ het berichten Ⓒ de berichtjes

7. de slaapkamer

Ⓐ de slaapkamers Ⓑ de slapenkamer Ⓒ de slaapkameren

8. de flat

Ⓐ de flaten Ⓑ de flatten Ⓒ de flats

9. de kelder

Ⓐ de kelderen Ⓑ de kelders Ⓒ de kelderss

10. de douche

Ⓐ de douches Ⓑ het douches Ⓒ de douchen

Astuce En général, les noms comportant plusieurs syllabes se terminant par une syllabe non accentuée en **-el**, **-er** et **-en** prennent un **-s** au pluriel. Il en est de même pour les noms se terminant par un **e** atone.

Focus Le pluriel

Corrigé page 107

Mettez à la forme plurielle.

1. Het voordeel van dit appartement is de grote kelder.
   Ⓐ De voordeels van die appartementen zijn de grote kelderen.
   Ⓑ De voordelen van deze appartementen zijn de grote kelders.

2. Dat andere huis heeft een balkon.
   Ⓐ Die andere huizen hebben balkons.
   Ⓑ Die andere huisen hebben de balkons.

3. Die woning heeft een kast.
   Ⓐ Die woningen hebben kasten.
   Ⓑ Die wonings hebben kasts.

4. Deze flat heeft een kleine slaapkamer.
   Ⓐ Die flats hebben kleine slaapkameren.
   Ⓑ Deze flats hebben kleine slaapkamers.

Focus Le comparatif

Corrigé page 107

Choisissez le bon comparatif.

1. mooi
   (A) mooi (B) mooier (C) mooider
2. duur
   (A) duurder (B) durer (C) duurer
3. groot
   (A) grooter (B) grootter (C) groter
4. goedkoop
   (A) goedkoper (B) beterkoop (C) goedkooper
5. oud
   (A) oudder (B) ouder (C) ouderen
6. klein
   (A) kleinner (B) kleinder (C) kleiner
7. ruim
   (A) ruimder (B) ruimer (C) ruimmer
8. kort
   (A) korter (B) kortder (C) kortter
9. snel
   (A) snelder (B) sneler (C) sneller
10. lekker
    (A) lekkerer (B) lekkerder (C) lekerder

Astuce Le comparatif se forme en ajoutant **-er** à l'adjectif. Le comparatif des adjectifs finissant par un **-r** se forme avec la terminaison **-der**.

Module 11
BASIS

Focus Demander et donner son opinion sur un logement

Corrigé page 107

Choisissez la bonne traduction.

1. Que pensez-vous de cet appartement ?
   - (A) Wat vertelt u van die flat?
   - (B) Wat vindt u van deze flat?
2. Cet appartement est plus grand, mais l'autre logement a deux placards.
   - (A) Deze flat is groter, maar die andere woning heeft twee kasten.
   - (B) Die flat is groter, maar deze andere woning heeft twee kasten.
3. Que pensez-vous de cet immeuble ?
   - (A) Wat vindt u van dit gebouw?
   - (B) Hoe denkt u van dat gebouw?
4. Je trouve la vue plus jolie ici.
   - (A) Ik denk het uitzicht hier mooier.
   - (B) Ik vind het uitzicht hier mooier.

Focus Demander le montant d'un loyer et d'exprimer son souhait d'emménager / de déménager

Choisissez la bonne traduction.

1. Quel est le loyer ?
   - (A) Welk is de huur?
   - (B) Wat is de huurprijs?
2. Quand puis-je emménager ? - Il se libère en décembre.
   - (A) Wanneer kan ik erin? - Hij komt vrij in december.
   - (B) Waneer kan ik erin? - Hij is vrij in december.
3. Je veux déménager à la fin de ce mois-ci.
   - (A) Ik wil verhuizen eind van die maand.
   - (B) Ik wil eind deze maand verhuizen.

Verbes

vrijkomen	*se libérer*
verhuizen	*déménager*

Adjectif démonstratif au singulier

genre neutre

dit	*ce, cet, cette ... -ci*
dat	*ce, cet, cette ... -là*

genre commun

deze	*ce, cet, cette ... -ci*
die	*ce, cet, cette ... -là*

Adjectif démonstratif au pluriel

genre neutre et commun

deze	*ces ... -ci*
die	*ces ... -là*

Différentes pièces d'un logement

de kamer	*la chambre, la pièce*
de badkamer	*la salle de bain*
de eetkamer	*la salle à manger*
de woonkamer	*le séjour*
de slaapkamer	*la chambre à coucher*
de keuken	*la cuisine*
de wc, het toilet	*les toilettes*
de berging	*le débarras*
de kelder	*la cave*

Module 11
BASIS

Noms

de flat	*l'appartement*
de woning	*le logement*
de kast	*le placard*
de computer	*l'ordinateur*
het pakje	*le colis*
de vogel	*l'oiseau*
het uitzicht	*la vue*
de huurprijs	*le loyer, la location*

Adjectifs/Adverbes

goedkoop	*bon marché*
ruim	*spacieux/-se*
lekker	*bon/ne*
ander	*autre*

Locutions/Phrases essentielles

Wat vindt u van ...?	*Que pensez-vous de ... ?*
erin kunnen	*pouvoir emménager*
eind deze maand	*à la fin de ce mois-ci*

Module 11
CORRIGÉ

VOTRE SCORE :

Basis

PAGE 99 - Lexique des différentes pièces d'un logement
1 B | 2 A | 3 C | 4 B | 5 C | 6 A

PAGE 99 - Les différents noms se référant à l'habitation
1 A | 2 C | 3 C

PAGE 100 - L'adjectif démonstratif au singulier **deze, dit** *ce, cet, cette ... - ci* et **die**, **dat** *ce, cet, cette ... - là*
1 B | 2 A | 3 D | 4 C

PAGES 100-101 - L'adjectif démonstratif au pluriel **deze** *ces ... - ci* et **die** *ces ... - là*
1 A | 2 B | 3 B | 4 A

PAGE 101 - L'adjectif démonstratif **deze**, **dit** et **die**, **dat**
1 A | 2 B | 3 B | 4 A

PAGES 101-102 - Le pluriel des noms
1 B | 2 A | 3 C | 4 B | 5 A | 6 C | 7 A | 8 C | 9 B | 10 A

PAGE 102 - Le pluriel
1 B | 2 A | 3 A | 4 B

PAGE 103 - Le comparatif
1 B | 2 A | 3 C | 4 A | 5 B | 6 C | 7 B | 8 A | 9 C | 10 B

PAGE 104 - Demander et donner son opinion sur un logement
1 B | 2 A | 3 A | 4 B

PAGE 104 - Demander le montant d'un loyer et d'exprimer son souhait d'emménager / de déménager
1 B | 2 A | 3 B

Vous avez obtenu entre 0 et 10 ? Oeps!
Vous avez obtenu entre 11 et 21 ? Iets te weinig ...
Vous avez obtenu entre 22 et 32 ? Niet slecht, maar ...
Vous avez obtenu entre 33 et 42 ? Heel goed.
Vous avez obtenu 43 et plus ? Uitstekend!

Module 12
BASIS

Focus S'orienter (1)

Choisissez la bonne traduction.

1. le sud
   A de zuiden B het zuiden C het zuid D de zuid
2. l'ouest
   A het westen B de west C het west D het oost
3. le nord
   A het noord B het noorden C de noorden D het norden
4. l'est
   A het westen B het oosten C het osten D de west
5. le nord-est
   A het nordoost B het zuidwesten C het noord-oosten D het oostwest
6. oriental
   A noordelijk B zuidelijk C westelijk D oostelijk
7. à l'ouest de
   A ten westen van B te noorden van C te oost van D ten zuiden

Focus S'orienter (2)

Corrigé page 117

Choisissez la bonne traduction.

1. à gauche
   A rechtdoor B links C rechts D linksaf
2. tout droit
   A rechtdoor B recht C richting D heel recht
3. gauche
   A rechts B link C recht D links
4. à droite
   A rechts B naar rechts C rechtdoor D linksaf

Focus S'orienter (3)

Complétez avec le mot correct.

1. Ik kom uit een dorp ten ... van Groningen.

   A west   B oostelijk   C noord   D zuiden

2. U loopt hier ....

   A rechtaf   B rechtdoor   C richting   D recht

3. Zij heeft een ... accent.

   A noordelijk   B westen   C noorden   D oosten

4. Jullie wonen ten ... van Leeuwarden.

   A zuidwest   B zuidwesten   C westelijk   D ooste

Focus Les nombres ordinaux (1)

Corrigé page 117

Choisissez le nombre ordinal correspondant au nombre cardinal donné.

1. een

   A eende   B eerste

2. drie

   A driede   B derde

3. acht

   A achtste   B achtde

4. twee

   A tweede   B tweeste

5. veertien

   A viertiende   B veertiende

6. vijfentwintig

   A vijfentwintigste   B vijftwintigste

Module 12
BASIS

Focus Les nombres ordinaux (2)

Cochez le nombre ordinal qui manque dans chaque série.

1. eerste - ... - derde

   A vierde — B tweede — C tweeste

2. zevende - ... - negende

   A achtste — B achtde — C achste

3. achttiende - negentiende - ...

   A twintigde — B twintige — C twintigste

Focus Les adverbes pronominaux (1)

Corrigé page 117

Choisissez le bon adverbe pronominal.

1. ... komt u ...? *D'où venez-vous ?*

   A Waar ... naartoe — B Waar ... vandaan — C Waar ... heen

2. ... gaat u ...? *Où allez-vous ?*

   A Waar ... heen — B Waar ... vandaan — C Waar ... naar

3. Hij gaat ... vaak .... *Il y va souvent.*

   A daar ... naartoe — B daar ... vandaan — C daar ... naar

4. ... komt zij .... *Elle vient de là-bas.*

   A Daar ... heen — B Daar ... vandaan — C Daar ... van

5. Wij gaan naar Lisse. - ...? *Où ?*

   A Waarnaar — B Waarnaartoe — C Waar

6. Zij komen .... *Ils viennent d'ici.*

   A hiervandaan — B daarvan — C waarvandaan

Astuce **Waar ... heen** et **waar ... naartoe** *d'où* sont synonymes et expriment une destination. **Daar ... heen/daarnaartoe** *y, par-là* désigne l'endroit vers lequel on se dirige. Il en va de même pour **hier ... heen/hier ... naartoe** *y, par ici* et **hier ... vandaan** *d'ici.*

Focus Les adverbes pronominaux (2)

Corrigé page 117

Choisissez la bonne traduction.

1. D'où venez-vous ?
   - A Waar komt u?
   - B Waar komt u vandaan?
2. Je viens de là-bas.
   - A Ik kom daarvandaan.
   - B Ik kom daar.
3. Il va à Nimègue. - Où ?
   - A Hij gaat naar Nijmegen. - Waar?
   - B Hij gaat naar Nijmegen. - Waarnaartoe?
4. Elle habite à Gouda. - Où ?
   - A Ze woont in Gouda. Waarheen?
   - B Ze woont in Gouda. - Waar?
5. Habitez-vous là-bas ?
   - A Wonen jullie daar?
   - B Wonen jullie daarvandaan?
6. Il va là-bas.
   - A Hij gaat daarheen.
   - B Hij gaat daar.

Focus Les adverbes pronominaux (3)

Choisissez la bonne traduction en faisant attention à la structure de la phrase.

1. Où vas-tu à la fin du mois ?
   - A Waar ga je eind van de maand naartoe?
   - B Waar ga je eind naartoe van de maand?

2. D'où venez-vous en fait ?

   - **A** Waarvan komt u eigenlijk?
   - **B** Waar komt u eigenlijk vandaan?

3. Il y a un bus qui y va directement.

   - **A** Daarnaar gaat een bus rechtstreeks toe.
   - **B** Daar gaat een bus rechtstreeks naartoe.

4. Je viens de Breda. - D'où ?

   - **A** Ik kom uit Breda. - Waarvandaan?
   - **B** Ik kom uit Breda? - Waar?

5. Où vas-tu ? - Par ici !

   - **A** Waar ga je heen? - Hierheen!
   - **B** Waar ga je? Hier!

Focus Connaître quelques noms de fleurs

Corrigé page 117

Trouvez l'intrus.

1. l'œillet - le lys - le glaïeul

   - **A** de anjer
   - **B** de gladiool
   - **C** de lelie
   - **D** de appel

2. la rose - la tulipe - le glaïeul

   - **A** de roos
   - **B** de berk
   - **C** de tulp
   - **D** de gladiool

3. le lys - l'œillet - la tulipe

   - **A** de bloem
   - **B** de lelie
   - **C** de anjer
   - **D** de tulp

Focus Échanger pour demander son chemin, l'indiquer et remercier (1)

Choisissez la bonne traduction en français.

1. Goedemiddag, bent u hier bekend?
   - A Bonjour, est-ce que vous connaissez le quartier ?
   - B Bonjour, avez-vous des connaissances ici ?
2. Is dit de weg naar de bushalte?
   - A Est-ce que ce chemin est loin de l'arrêt de bus ?
   - B Est-ce le chemin vers l'arrêt de bus ?
3. Ik wil richting Delft.
   - A Je veux aller directement à Delft.
   - B Je veux aller direction Delft.
4. Hoe kom ik daar?
   - A Comment dois-je m'y rendre ?
   - B Comment reviens-je de là-bas ?
5. U loopt hier rechtdoor tot de stoplichten.
   - A Vous allez ici tout droit jusqu'aux feux.
   - B Vous prenez ici à droite jusqu'aux feux.
6. Daar komt de bus aan.
   - A Voilà le bus qui arrive.
   - B Le bus part de là-bas.
7. Hartelijk dank! - Graag gedaan!
   - A Je vous en remercie ! - Pas de souci !
   - B Merci beaucoup ! - Je vous en prie !

Corrigé page 117

Module 12
BASIS

Focus Échanger pour demander son chemin, l'indiquer et remercier (2)

Choisissez la bonne traduction.

1. Il ne sait plus où il est.
   - (A) Hij weet niet waar hij naartoe gaat.
   - (B) Hij weet niet meer waar hij is.

2. Il y a un bus qui y va directement.
   - (A) Daar gaat een bus rechtstreeks heen.
   - (B) Daar gaat een bus rechtdoor heen.

3. L'arrêt de bus est en face de l'hôpital.
   - (A) De bushalte is tegenover het ziekenhuis.
   - (B) De bushalte is vanaf het ziekenhuis.

4. Aux feux, vous prenez à droite.
   - (A) Bij de stoplicht gaat u rechts.
   - (B) Bij de stoplichten gaat u naar rechts.

5. Puis, c'est la première rue à gauche.
   - (A) Dan is het de tweede straat links.
   - (B) Dan is het de eerste straat links.

6. Encore une fois, merci. - À votre service !
   - (A) Nogmaals dank. - Tot uw dienst!
   - (B) Hartelijk dank. - Graag dienst!

Corrigé page 117

Module 12
WOORDENSCHAT

Verbe

aankomen	*arriver*

Nombres ordinaux

1er	*eerste*
2e	*tweede*
3e	*derde*
4e	*vierde*
5e	*vijfde*
6e	*zesde*
7e	*zevende*
8e	*achtste*
9e	*negende*
10e	*tiende*
11e	*elfde*
12e	*twaalfde*
13e	*dertiende*
14e	*veertiende*
15e	*vijftiende*
16e	*zestiende*
17e	*zeventiende*
18e	*achttiende*
19e	*negentiende*
20e	*twintigste*

Adverbes pronominaux

waar ... vandaan?	*d'où ?*
waar ... heen / waar ... naartoe?	*où (+ direction)*
daar ... vandaan	*de là-bas*
daar ... heen / daar ... naartoe	*y, par là*
hier ... vandaan	*d'ici*
hier ... heen / hier ... naartoe	*y, par ici*

Module 12
BASIS

S'orienter

het noorden	*le nord*
het zuiden	*le sud*
het oosten	*l'est*
het westen	*l'ouest*
het noordoosten	*le nord-est*
ten westen van	*à l'ouest de*
oostelijk	*oriental/e*
naar links / linksaf	*à gauche*
naar rechts / rechtsaf	*à droite*
rechtdoor	*tout droit*
rechtstreeks	*directement*

Fleurs

de anjer	*l'œillet*
de lelie	*le lys*
de gladiool	*le glaïeul*

Adverbe

vaak	*souvent*

Locutions/Phrases essentielles

Bent u hier bekend?	*Connaissez-vous le quartier ?*
Hoe kom ik daar?	*Comment dois-je m'y rendre ?*
Hartelijk dank!	*Merci beaucoup !*
Graag gedaan!	*Je vous en prie !, Avec plaisir !*

Basis

VOTRE SCORE :

PAGES 108-109 - S'orienter

1 B 2 A 3 B 4 B 5 C 6 D 7 A

1 D 2 A 3 D 4 B

1 D 2 B 3 A 4 B

PAGES 109-110 - Les nombres ordinaux

1 B 2 B 3 A 4 A 5 B 6 A

1 B 2 A 3 C

PAGES 111-112 - Les adverbes pronominaux

1 B 2 A 3 A 4 B 5 B 6 A

1 B 2 A 3 B 4 B 5 A 6 A

1 A 2 B 3 B 4 A 5 A

PAGE 112 - Connaître quelques noms de fleurs

1 D 2 B 3 A

PAGES 113-114 - Échanger pour demander son chemin, l'indiquer et remercier

1 A 2 B 3 B 4 A 5 A 6 A 7 B

1 B 2 A 3 A 4 B 5 B 6 A

Vous avez obtenu entre 0 et 11 ? Oeps!
Vous avez obtenu entre 12 et 23 ? Iets te weinig ...
Vous avez obtenu entre 24 et 35 ? Niet slecht, maar ...
Vous avez obtenu entre 36 et 46 ? Heel goed.
Vous avez obtenu 47 et plus ? Uitstekend!

Module 13
BASIS

Focus Les différents moments de la journée (1)

Corrigé page 125

Choisissez le moment de la journée correspondant à l'horaire donné.

1. 06:00 - 24:00

   (A) de dag (B) de morgen (C) de avond

2. 06:00 - 12:00

   (A) de middag (B) de nacht (C) de ochtend

3. 12:00 - 18:00

   (A) de avond (B) de middag (C) de morgen

4. 18:00 - 24:00

   (A) de dag (B) de nacht (C) de avond

5. 24:00 - 06:00

   (A) de nacht (B) de avond (C) de ochtend

Focus Les différents moments de la journée (2)

Cochez le moment de la journée manquant dans chaque série.

1. vanochtend - ... - vanavond

   (A) vanmorgen (B) vanmiddag (C) vannacht

2. vanmiddag - vanavond - ...

   (A) vannacht (B) nacht (C) 's nachts

3. ... - vanmiddag - vanavond

   (A) vanochtend (B) vannacht (C) vandaag

4. vanmiddag - ... - vannacht

   (A) vanmorgen (B) vanochtend (C) vanavond

Astuce Rappelez-vous que *ce matin* se traduit par **vanochtend** ou **vanmorgen.**

Focus Les différents moments de la journée (3)

Corrigé page 125

Cochez la bonne traduction en néerlandais.

1. cet après-midi

A deze middag
B de middag
C vanmiddag
D 's middags

2. aujourd'hui

A de dag
B vanmorgen
C morgen
D vandaag

3. la journée

A de dag
B vandaag
C deze dag
D die dag

4. du matin

A 's morgens
B vanmorgen
C de morgen
D morgen

Astuce Ne confondez pas le nom **de morgen** *le matin* avec l'adverbe **morgen** *demain*.

Focus La négation geen ou niet *ne pas*

Répondez aux questions posées par la négative comme il convient.

1. Heb je honger?

A Nee, ik heb niet honger.
B Nee, ik heb geen honger.

2. Ziet ze de bus?

A Nee, ze ziet de bus niet.
B Nee, ze ziet geen bus.

Corrigé page 125

3. Heeft hij zin om naar buiten te gaan?

   A Nee, hij heeft geen zin om naar buiten te gaan.

   B Nee, hij heeft niet zin om naar buiten te gaan.

4. Heb jij huisdieren?

   A Nee, ik heb geen huisdieren.

   B Nee, ik heb huisdieren niet.

5. Zijn haar ouders thuis?

   A Nee, haar ouders zijn geen thuis.

   B Nee, haar ouders zijn niet thuis.

Astuce La négation **geen** est utilisée devant un nom indéfini. Lorsque le nom est défini, on utilise **niet.**

Focus Formuler des propositions et y répondre (1)

Choisissez la bonne traduction.

1. Et si nous allions à la plage ce matin ?

   A Zullen we vanochtend naar het strand gaan?

   B En als we vanochtend naar het strand gaan?

2. Non, restons à l'intérieur !

   A Nee, we zullen binnen blijven!

   B Nee, laten we binnen blijven!

3. Ou veux-tu peut-être boire un verre de vin ?

   A Of wil je misschien drinken een glas wijn?

   B Of wil je misschien een glas wijn drinken?

4. Faisons cela ce soir !

   A Laten we dat vanavond doen!

   B Doen we dat vanavond!

5. Avez-vous envie de nous accompagner au cinéma ?

   A Hebben jullie zin in meegaan naar de film?

   B Hebben jullie zin om mee naar de film te gaan?

6. Oui, allons au cinéma !

   A Ja, laten we naar de film gaan!

   B Ja, goed idee naar de film gaan!

Astuce L'auxiliaire **zullen** permet de formuler une proposition, lorsque la phrase est à la forme interrogative et que le pronom **we** *nous* suit l'auxiliaire.
La réponse se fait souvent à l'aide de la structure **laten we** + infinitif en fin de phrase.

Focus Formuler des propositions et y répondre (2)

Corrigé page 125

Choisissez les mots manquants.

1. ... we dat doen? - Ja, ...

   A Laten - ik kan niet B Zullen - oké

2. ... we hier blijven? - Ja, ...

   A Zullen - dat is goed B Laten - dat is jammer

3. Heb je ... in een biertje? - Ja ....

   A zin - graag B dorst - hoor

4. ... jullie een kroketje? - Nee, we hebben geen ....

   A Zullen - zin B Willen - honger

Focus Les salutations

Trouvez l'intrus.

1. goedenavond - hallo - hé - ha

   A goedenavond B hallo C hé D ha

2. goedenacht - goedemiddag - goedendag - hè

   A goedenacht B goedemiddag C goedendag D hè

3. dag - goedendag - hallo - hoi

(A) dag (B) goedendag (C) hallo (D) hoi

4. doei - ha - dag - vandaag

(A) doei (B) ha (C) dag (D) vandaag

Focus Les conjonctions de coordination maar *mais*, of *ou*, en *et*, dus *donc*, want *car*

Corrigé page 125

Choisissez la bonne conjonction de coordination.

1. Zullen we vanavond thuisblijven ... naar het café gaan?

(A) dus (C) want
(B) maar (D) of

2. Waar kom je vandaan, ... je hebt een licht accent?

(A) want (C) of
(B) en (D) dus

3. Zij werkt in Zaandam, ... *(mais)* hij werkt in Maastricht.

(A) dus (C) en
(B) maar (D) want

4. Ik heb geen honger, ... ik wil niet blijven eten.

(A) want (C) dus
(B) maar (D) of

5. We noteren de datum ... geven u vast het formulier.

(A) en (C) of
(B) want (D) dus

Focus Les interjections hé *hé* et hè *tiens*, *pas vrai*, *n'est-ce pas*

Choisissez la bonne réaction.

1. Ik kan morgen niet.

(A) Hè, wat jammer! (B) Hé, hallo!

2. Ha Rob!

A Hé Jasper, kom binnen! B Daar heeft hij zin in, hè!

3. We gaan morgen naar het strand.

A Sorry, hè! B Hé, leuk!

Focus La syntaxe de la phrase après une conjonction de coordination

Indiquez si l'ordre des mots est correct ou faux.

1. Het is een risico, maar ze wil het een kans geven.

A correct B faux

2. Deze flat is duurder en komt hij vrij in december.

A correct B faux

3. Wil je thee of je wilt koffie?

A correct B faux

4. Geef maar thee, want ik heb dorst.

A correct B faux

Focus Faire part d'une idée

Corrigé page 125

Choisissez la bonne traduction.

1. Wat vinden jullie van het idee dat ik blijf eten?

A Que pensez-vous de l'idée que je reste dîner ?

B Que pensez-vous de l'idée que je reste dormir ?

2. Zullen we Emma uitnodigen? - Ja, dat is een goed idee.

A Invitons Emma ! - D'accord !

B Et si nous invitions Emma ? - Oui, c'est une bonne idée.

3. Wat vindt hij van het idee om naar de markt te gaan?

A Que pense-t-il de l'idée d'aller au supermarché ?

B Que pense-t-il de l'idée d'aller au marché ?

Module 13
WOORDENSCHAT

Verbes

thuisblijven	*rester à la maison*
binnenkomen	*entrer*

Noms

de honger	*la faim*
de dorst	*la soif*

Interjections

hé	*hé*
hè	*tiens, pas vrai, n'est-ce pas*

Adjectifs/Adverbes

vandaag	*aujourd'hui*
vanmorgen/vanochtend	*ce matin*
vanmiddag	*cet après-midi*
vanavond	*ce soir*
vannacht	*cette nuit*
morgen	*demain*

Locutions/Phrases essentielles

naar buiten gaan	*sortir, aller dehors*
wat jammer!	*quel dommage !*
Zullen we ...?	*Et si nous allions (+ verbe à l'imparfait) ?*
Laten we ...!	*Laissons ... ! (litt.)*

Module 13
CORRIGÉ

VOTRE SCORE :

Basis

PAGES 118-119 - Les différents moments de la journée

1 A | 2 C | 3 B | 4 C | 5 A

1 B | 2 A | 3 A | 4 C

1 C | 2 D | 3 A | 4 A

PAGES 119-120 - La négation **geen** ou **niet** *ne pas*

1 B | 2 A | 3 A | 4 A | 5 B

PAGES 120-121 - Formuler des propositions et y répondre

1 A | 2 B | 3 B | 4 A | 5 B | 6 A

1 B | 2 A | 3 A | 4 B

PAGES 121-122 - Les salutations

1 A | 2 D | 3 B | 4 D

PAGE 122 - Les conjonctions de coordination **maar** *mais*, **of** *ou*, **en** *et*, **dus** *donc*, **want** *car*

1 D | 2 A | 3 B | 4 C | 5 A

PAGES 122-123 - Les interjections **hé** *hé* et **hè** *tiens, pas vrai, n'est-ce pas*

1 A | 2 A | 3 B

PAGE 123 - La syntaxe de la phrase après une conjonction de coordination

1 A | 2 B | 3 B | 4 A

PAGE 123 - Faire part d'une idée

1 A | 2 B | 3 B

Vous avez obtenu entre 0 et 9 ? Oeps!
Vous avez obtenu entre 10 et 19 ? Iets te weinig ...
Vous avez obtenu entre 20 et 29 ? Niet slecht, maar ...
Vous avez obtenu entre 30 et 38 ? Heel goed.
Vous avez obtenu 39 et plus ? Uitstekend!

Module 14
BASIS

Focus Les pronoms indéfinis iemand *quelqu'un*, niemand *ne ... personne*, iets/wat *quelque chose*, niets *ne ... rien*, alles *tout*, iedereen *chacun, tous, tout le monde* (1)

Complétez avec le pronom indéfini correspondant au pronom français indiqué entre parenthèses.

1. ... *(ne...personne)* is zo'n harde werker als jij.
   - A Iemand
   - B Niemand
2. Je wilt voor ... *(tout le monde)* beslissen.
   - A iedereen
   - B alles
3. Bij jou is het ... *(tout)* of ... *(rien)*.
   - A iets - alles
   - B alles - niets
4. Willen jullie ... *(quelque chose)* drinken?
   - A wat
   - B niets
5. Mag ik je ... *(quelque chose)* vragen?
   - A niets
   - B iets
6. ... *(Quelqu'un)* moet het haar vertellen.
   - A Niemand
   - B Iemand

Focus Les pronoms indéfinis iemand *quelqu'un*, niemand *ne ... personne*, iets/wat *quelque chose*, niets *ne ... rien*, alles *tout*, iedereen *chacun, tous, tout le monde* (2)

Corrigé page 135

Complétez les phrases avec le pronom indéfini qui convient.

1. Willen jullie mij ... vragen?
   - A iedereen
   - B iemand
   - C iets
2. ... is zo voorzichtig als hij.
   - A Iets
   - B Niemand
   - C Niets
3. Niet ... vindt dat een mooie film.
   - A iedereen
   - B alles
   - C iets

4. Ik geef hem ....

A iemand B iedereen C alles

5. We horen ... meer van haar.

A niets B alles C iemand

Focus Lexique des signes astrologiques

Corrigé page 135

Choisissez la bonne traduction.

1. Bélier

A Kreeft B Leeuw C Ram D Vissen

2. Capricorne

A Steenbok B Stier C Maagd D Tweeling

3. Balance

A Weegschaal B Schorpioen C Kreeft D Ram

4. Sagittaire

A Vissen B Boogschutter C Stier D Leeuw

5. Taureau

A Maagd B Vissen C Schorpioen D Stier

Focus Les adverbes de fréquence (1)

Choisissez le classement des adverbes de fréquence, de moins fréquent à plus fréquent.

1. ne ... jamais - continuellement - toujours

A nooit - altijd - vaak

B nooit - steeds - altijd

2. parfois - de manière habituelle - toujours

A soms - gewoonlijk - altijd

B altijd - gewoonlijk - soms

3. ne ... jamais - souvent - continuellement

   A nooit - vaak - steeds

   B steeds - vaak - nooit

Focus Les adverbes de fréquence (2)

Corrigé page 135

Choisissez la bonne traduction.

1. Je bent nooit bang.

   A Tu n'as jamais peur.

   B Tu as souvent peur.

2. Je zoekt steeds het evenwicht.

   A Tu cherches continuellement l'équilibre.

   B Tu cherches parfois l'équilibre.

3. Gewoonlijk leef je gezond.

   A Tu as toujours une vie saine.

   B En règle générale, tu as une vie saine.

Focus Les adverbes de fréquence (3)

Cochez la traduction en néerlandais avec la bonne syntaxe.

1. Parfois c'est vraiment trop !

   A Soms is het echt te veel!

   B Is het soms echt te veel!

   C Het soms is echt te veel!

2. Tu ne peux pas toujours mener la barque !

   A Niet altijd je kunt de baas zijn!

   B Kun je niet altijd de baas zijn!

   C Je kunt niet altijd de baas zijn!

3. Tu n'as jamais peur d'exprimer ton opinion.
   - (A) Nooit je bent bang je mening te uiten.
   - (B) Je bent nooit bang je mening te uiten.
   - (C) Je bent bang nooit je mening te uiten.

Astuce Dans une proposition principale, l'adverbe de fréquence – s'il ne se trouve pas en tête de phrase – suit le verbe conjugué.

Focus Les formes réduites (1)

Corrigé page 135

Cochez la forme réduite correspondant à la forme non réduite.

1. 't *(il, le, la)*
   (A) haar (B) hem (C) het
2. 'ns *(une fois)*
   (A) eens (B) maal (C) ons
3. zo'n *(un/e tel/le, pareil/le)*
   (A) een zo (B) zo een (C) zoon
4. 's *(une fois)*
   (A) les (B) mes (C) eens

Astuce La plupart des formes réduites se prononcent avec un **e** atone et l'élision des lettres est indiquée par une apostrophe.

Focus Les formes réduites (2)

Cochez le mot qui ne porte jamais l'accent tonique.

1. Maak 't jezelf niet te moeilijk!
   (A) 't (B) moeilijk
2. Neem 'ns risico's!
   (A) 'ns (B) risico's
3. Zoek 's het compromis!
   (A) compromis (B) 's

Astuce Les formes réduites ne sont pas accentuées, ce qui permet de faire ressortir de la phrase les autres mots : ceux qui véhiculent l'information.

Focus L'impératif (1)

Corrigé page 135

Choisissez la forme correcte de l'impératif.

1. cherche !

   A zoek!
   B zoekt u!
   C zoeken!
   D zoeken ze!

2. sois !

   A bent u!
   B is!
   C wees!
   D ben!

3. oubliez !

   A vergeet!
   B vergeten!
   C vergete!
   D vergeet u!

4. fais !

   A mak!
   B maak!
   C makt u!
   D make!

Astuce La forme la plus fréquente de l'impératif est celle de la 2e personne du singulier. Pour la former, il suffit d'enlever la terminaison **-en/-n** de l'infinitif et d'appliquer ensuite les règles d'orthographe. L'impératif du verbe **zijn** est irrégulier.

Focus L'impératif (2)

Choisissez la bonne traduction.

1. Noteer vast de datum!

   A Notez déjà la date !
   B Note déjà la date !

2. Gaat u maar snel!

Ⓐ Allez-y, vite !

Ⓑ Vas-y, vite !

3. Heb een beetje geduld!

Ⓐ Aie un peu de patience !

Ⓑ Ayez un peu de patience !

4. Kom maar binnen!

Ⓐ Entrez donc !

Ⓑ Entre donc !

5. Zeggen jullie het maar!

Ⓐ Je vous écoute !

Ⓑ C'est vous qui le dites !

Focus La conjonction om *afin de, pour / de, à*

Corrigé page 135

Indiquez si la conjonction om *est obligatoire ou facultative.*

1. Je bent nooit bang om je mening te uiten.

Ⓐ obligatoire

Ⓑ facultative

2. Je hebt een identiteitskaart nodig om te kunnen reizen.

Ⓐ obligatoire

Ⓑ facultative

3. Het wordt tijd om je gevoel te tonen.

Ⓐ obligatoire

Ⓑ facultative

Astuce La conjonction **om** *pour, afin de*, est obligatoire lorsqu'elle introduit une subordonnée circonstancielle de but. Dans le cas contraire, elle est facultative et se traduit par *de, à*.

Module 14
BASIS

Focus Décrire des traits de caractère

Corrigé page 135

Choisissez la traduction correcte du mot manquant.

1. Je bent ... genoeg. *Tu es suffisamment malin.*

   A slim
   B moeilijk
   C sterk
   D makkelijk

2. Zij is .... *Elle est idéaliste.*

   A ideaal
   B realistisch
   C idealistisch
   D optimistisch

3. We zijn .... *Nous sommes prudents.*

   A afgunstig
   B almachtig
   C aandachtig
   D voorzichtig

4. Zij zijn .... *Ils sont marrants.*

   A schattig
   B grappig
   C driftig
   D nuttig

Focus La prononciation de la terminaison -isch

Cochez la prononciation correspondant au nom donné.

1. idealistisch

   A [i:] [d] [é:] [a:] [L] [ĭ] [s] [t] [i:] [s]
   B [i:] [d] [e] [a:] [L] [ĭ] [s] [t] [i:] [ch]

2. optimistisch

   A [o] [p] [t] [i:] [m] [ĭ] [s] [t] [i:] [s]
   B [o] [p] [t] [i:] [m] [ĭ] [s] [t] [i:] [ch]

3. realistisch

   A [r] [é:] [a:] [L] [ĭ] [s] [t] [i:] [ch]
   B [r] [é:] [a:] [L] [ĭ] [s] [t] [i:] [s]

Verbes

beslissen	*décider*
zoeken	*chercher*
uiten	*exprimer*
vergeten	*oublier*

Signes astrologiques

de Ram	*le Bélier*
de Stier	*le Taureau*
de Tweeling	*les Gémeaux*
de Kreeft	*le Cancer*
de Leeuw	*le Lion*
de Maagd	*la Vierge*
de Weegschaal	*la Balance*
de Schorpioen	*le Scorpion*
de Boogschutter	*le Sagittaire*
de Steenbok	*le Capricorne*
de Waterman	*le Verseau*
de Vissen	*les Poissons*

Noms

het evenwicht	*l'équilibre*
de mening	*l'opinion*
het geduld	*la patience*

Module 14
WOORDENSCHAT

Adjectifs/Adverbes

voorzichtig	*prudent/e*
moeilijk	*difficile*
makkelijk	*facile*
slim	*malin/maligne*
driftig	*colérique*
nuttig	*utile*

Adverbes de fréquence

nooit	*ne ... jamais*
soms	*parfois*
vaak	*souvent*
gewoonlijk	*de manière habituelle*
steeds	*continuellement*
altijd	*toujours*

Locutions/Phrases essentielles

bang zijn	*avoir peur*
gezond leven	*avoir une vie saine*
de baas zijn	*mener la barque, être le patron*

Module 14
CORRIGÉ

VOTRE SCORE :

Basis

PAGES 126-127 - Les pronoms indéfinis

1 B | 2 A | 3 B | 4 A | 5 B | 6 B

1 C | 2 B | 3 A | 4 C | 5 A

PAGE 127 - Lexique des signes astrologiques

1 C | 2 A | 3 A | 4 B | 5 D

PAGES 127-129 - Les adverbes de fréquence

1 B | 2 A | 3 A

1 A | 2 A | 3 B

1 A | 2 C | 3 B

PAGES 129-130 - Les formes réduites

1 C | 2 A | 3 B | 4 C

1 A | 2 A | 3 B

PAGES 130-131 - L'impératif

1 A | 2 C | 3 D | 4 B

1 B | 2 A | 3 A | 4 B | 5 A

PAGE 131 - La conjonction **om** *afin de, pour / de, à*

1 B | 2 A | 3 B

PAGE 132 - Décrire des traits de caractère

1 A | 2 C | 3 D | 4 B

PAGE 132 - La prononciation de la terminaison **-isch**

1 A | 2 A | 3 B

Vous avez obtenu entre 0 et 10 ? Oeps!
Vous avez obtenu entre 11 et 20 ? Iets te weinig ...
Vous avez obtenu entre 21 et 30 ? Niet slecht, maar ...
Vous avez obtenu entre 31 et 40 ? Heel goed.
Vous avez obtenu 41 et plus ? Uitstekend!

Module 15
BASIS

Focus L'adjectif possessif (1)

Corrigé page 144

Complétez à l'aide de l'adjectif possessif donné entre parenthèses.

1. … *(mes)* kleinkinderen gaan lopend naar huis.

   A Ons B Mijn C Jouw D Uw

2. Heeft … *(votre)* huis twee badkamers?

   A jouw B zijn C haar D jullie

3. Kun je me een route-app voor … *(ma)* vrouw aanraden?

   A mijn B uw C onze D hun

4. Ik zie … *(ton)* naam niet in het bestand staan.

   A jouw B zijn C haar D ons

5. Wat is … *(votre)* achternaam?

   A hun B uw C onze D zijn

6. … *(leur)* telefoon is niet nieuw.

   A Onze B Jouw C Hun D Uw

Astuce En néerlandais, les adjectifs possessifs « s'accordent » avec le (nom du) possesseur.

Focus L'adjectif possessif (2)

Complétez à l'aide de l'adjectif possessif qui correspond au pronom entre parenthèses.

1. (zij) *(sing.)* … zoon heeft geen smartphone.

   A Zijn B Haar C Mijn

2. (hij) … dochter gaat met de fiets naar (zij) … werk.

   A Zijn - haar B Hun - zijn C Onze - hun

3. (we) … kinderen nemen iedere ochtend de bus naar school.

   A Ons B Jullie C Onze

4. (we) … huis heeft een open keuken.

   A Onze B Ons C Mijn

Astuce Les adjectifs possessifs sont invariables, sauf **ons/onze** *notre, nos* : **ons** s'emploie devant un nom du genre neutre et **onze** devant un nom du genre commun. Notez la différence entre **zijn** *son, sa, ses (à lui)* et **haar** *son, sa, ses (à elle)*.

Focus Les formes réduites de l'adjectif possessif

Cochez la forme réduite correcte de l'adjectif possessif donné.

1. mijn

A m'en — B m'n — C m'in

2. haar

A da'r — B h'ar — C d'r

3. zijn

A z'n — B zo'n — C zi'n

Focus Les pronoms indéfinis elk / ieder *chaque*

Corrigé page 144

Choisissez la forme correcte du pronom indéfini.

1. We staan bijna ... dag in de file.

A elk — B elke

2. ... week koop ik een paar kranten.

A Ieder — B Iedere

3. Jullie moeten ... woord vertalen.

A elk — B elke

4. ... goed idee is welkom.

A Ieder — B Iedere

Module 15
BASIS

Focus Quelques termes spécifiques aux applications de smartphones

Cochez la bonne traduction.

1. une "appli" de navigation

A een fiets-app — B een navigatie-app — C een weg-app

2. "applis" en ligne

A online-apps — B lijn-apps — C apps-lijnen

3. connexion Internet

A bindinternet — B internetverband — C internetverbinding

4. "applis" de navigation

A navigatie-apps — B appsnavigeer — C vaar-apps

Focus Les pronoms personnels objets non accentués

Transformez les formes accentuées du pronom personnel objet en formes non accentuées.

1. Hoe is het met haar?

A Hoe is het met 'm?

B Hoe is het met 'r?

2. Ze zien hem morgen.

A Ze zien d'r morgen.

B Ze zien 'm morgen.

3. Ik houd van jou.

A Ik houd van je.

B Ik houd van me.

4. Heb je een smartphone voor mij?

A Heb je een smartphone voor me?

B Heb je een smartphone voor je?

Corrigé page 144

5. Kunnen jullie een paar apps voor hen installeren?

   (A) Kunnen jullie een paar apps voor ze installeren?

   (B) Kunnen jullie een paar apps voor ons installeren?

6. Dat maakt het lastig.

   (A) Dat maakt 'r lastig.

   (B) Dat maakt 't lastig.

7. Gebruikt ze haar mobieltje alleen in het weekend?

   (A) Gebruikt ze 't mobieltje alleen in het weekend?

   (B) Gebruikt ze d'r mobieltje alleen in het weekend?

Focus Les formes réduites

Corrigé page 144

Choisissez la bonne traduction.

1. Quel est son nom (à elle) ?

   (A) Wat is d'r naam?

   (B) Wat is m'n naam?

2. Nous voulons dire son nom de famille (à lui) !

   (A) We bedoelen je achternaam!

   (B) We bedoelen z'n achternaam!

3. Arrête de te montrer trop dur envers toi-même !

   (A) Maak 't jezelf niet te moeilijk!

   (B) Maak 'r jezelf niet te moeilijk!

4. Tu peux la joindre sur son portable (à elle).

   (A) Je kunt 'm bereiken op z'n mobieltje.

   (B) Je kunt 'r bereiken op d'r mobieltje.

5. Tu es trop prudent. Prends quelques risques !

   (A) Je bent erg voorzichtig. Neem 't risico!

   (B) Je bent te voorzichtig. Neem 's risico's!

Module 15
BASIS

Focus Les différents moyens de transport

Corrigé page 144

Choisissez la bonne traduction.

1. les transports en commun

   - A het openbaar vervoer
   - B het gemeenschappelijk vervoer
   - C openbare vervoeren
   - D vervoeren in het openbaar

2. à pied

   - A lopend
   - B met voeten
   - C lopen
   - D met de voet

3. à vélo

   - A met fietsen
   - B met de fiets
   - C fiets
   - D aan de fietsen

Focus Demander et donner conseil

Choisissez la bonne traduction.

1. Peux-tu me conseiller quelques “applis” de navigation ?

   - A Kun je me een paar navigatie-apps raden?
   - B Kun je me een paar navigatie-apps aanraden?

2. Souhaites-tu les utiliser tous les jours ou seulement pendant le week-end ?

   - A Wil je ze elke dag gebruiken of alleen in het weekend?
   - B Wil je ze elke dag bereiken of alleen in het weekend?

3. Le mieux c’est d’installer plusieurs (quelques différentes) « applis ».

   - A Je kunt het beste een paar verschillende apps installeren.
   - B Je kunt beter veel verschillende apps installeren.

4. N’existe-t-il pas un système facile et bon marché ?

   - A Leeft er geen gemakkelijk en goedkoop systeem?
   - B Bestaat er geen gemakkelijk en goedkoop systeem?

5. Elle peut prendre les transports en commun.

   (A) Ze kan de openbare vervoeren nemen.

   (B) Ze kan het openbaar vervoer nemen.

Focus Les mots composés

Corrigé page 144

Complétez les mots composés avec le premier terme qui convient.

1. de ...-app *(l'appli de navigation)*

   (A) vervoeren (B) route (C) auto

2. de ...-app *(l'appli en ligne)*

   (A) online (B) regel (C) rij

3. de ...verbinding *(la connexion Internet)*

   (A) neerd (B) nets (C) internet

4. ...-apps *("applis" de navigation)*

   (A) route (B) naviger (C) vaar

Focus La prononciation des semi-diphtongues uw, eeuw et ieuw

Cochez la prononciation correspondant au nom donné.

1. leeuw

   (A) [L] [é:] [w] (B) [L] [é] [ou]

2. uw

   (A) [u:] [ou] (B) [u:] [w]

3. nieuw

   (A) [n] [i:] [w] (B) [n] [i:] [ou]

Astuce Le **w** en fin de mot se prononce comme un *ou* français.

Module 15
WOORDENSCHAT

Verbes

aanraden	*conseiller*
vertalen	*traduire*
gebruiken	*utiliser*

Adjectif possessif accentué et non accentué

mijn / m'n	*mon, ma, mes*
jouw / je	*ton, ta, tes*
uw / uw	*votre, vos*
zijn / z'n	*son, sa, ses (à lui)*
haar / d'r	*son, sa, ses (à elle)*
ons, onze / ons, onze	*notre, nos*
jullie / jullie	*votre, vos*
hun / hun	*leur, leurs*

Pronom personnel objet non accentué

me	*me, moi*
je	*te, toi*
u	*vous*
'm	*le, la, lui*
'r, d'r	*la, lui*
't	*le, la, lui*
ons	*nous*
jullie	*vous*
ze	*les, leur*

Noms

de app	*l'appli*
de route-app / de navigatie-app	*l'appli de navigation*
de online-app	*l'appli en ligne*
de internetverbinding	*la connexion Internet*
het openbaar vervoer	*les transports en commun*

Adjectifs/Adverbes

bijna	*presque*
verschillend	*différent/e*
alleen	*seulement*

Locutions/Phrases essentielles

in de file staan	*être/rester coincé/e dans les embouteillages*
moeilijk maken	*rendre difficile*
lastig maken	*compliquer les choses*
een paar	*quelques*
lopend	*à pied*

Module 15
CORRIGÉ

VOTRE SCORE :

Basis

PAGES 136-137 - L'adjectif possessif
1 B 2 D 3 A 4 A 5 B 6 C
1 B 2 A 3 C 4 B

PAGE 137 - Les formes réduites de l'adjectif possessif
1 B 2 C 3 A

PAGE 137 - Les pronoms indéfinis **elk / ieder** *chaque*
1 B 2 B 3 A 4 A

PAGE 138 - Quelques termes spécifiques aux applications de smartphones
1 B 2 A 3 C 4 A

PAGES 138-139 - Les pronoms personnels objets non accentués
1 B 2 B 3 A 4 A 5 A 6 B 7 B

PAGE 139 - Les formes réduites
1 A 2 B 3 A 4 B 5 B

PAGE 140 - Les différents moyens de transport
1 A 2 A 3 B

PAGES 140-141 - Demander et donner conseil
1 B 2 A 3 A 4 B 5 B

PAGE 141 - Les mots composés
1 B 2 A 3 C 4 A

PAGE 141 - La prononciation des semi-diphtongues **uw**, **eeuw** et **ieuw**
1 B 2 A 3 B

Vous avez obtenu entre 0 et 9 ? Oeps!
Vous avez obtenu entre 10 et 19 ? Iets te weinig ...
Vous avez obtenu entre 20 et 29 ? Niet slecht, maar ...
Vous avez obtenu entre 30 et 39 ? Heel goed.
Vous avez obtenu 40 et plus ? Uitstekend!

Focus Le lexique alimentaire (1)

Corrigé page 154

Trouvez l'intrus.

1. le pain complet - le jambon - le gouda

   A de Goudse kaas
   B de ham
   C het goud
   D het bruinbrood

2. la saucisse de pâté de foie - l'edam - le pain blanc

   A de slager
   B de leverworst
   C het witbrood
   D de Edammer

3. jeune - fait - vieux (maturation du fromage)

   A belegen
   B vers
   C jong
   D oud

4. le pain de seigle - le rôti de bœuf - le pain aux céréales

   A het meergranenbrood
   B het roggebrood
   C de runderrollade
   D de bakker

Focus Les expressions courantes utilisées dans les magasins

Complétez par le mot manquant.

1. Wie is er aan de ...? *À qui le tour ?*

   A bord B buur C beurt D buurt

2. ... nog iets? *Autre chose ?*

   A Andere B Meer C Lekkers D Anders

3. Wat mag het ...? *Vous désirez ?*

   A zijn B hebben C willen D helpen

4. Dat is ...? *Ce sera tout ?*

   A allemaal B het C graag D goed

5. Kan ik je ...? *Puis-je t'aider ?*

A nuttig B kiezen C helpen D nodig

6. Een ... kaas graag. *Un morceau de fromage s'il vous plaît.*

A ons B halve C jonge D stukje

7. Welke ... kaas raad je me aan? *Quelles sortes de fromage me conseilles-tu ?*

A soorten B smaken C boeren D winkels

8. Ik wil graag ... *Je voudrais payer par carte bancaire.*

A betalen. B aanraden. C proeven. D pinnen.

9. ... ons ham graag. *150 grammes de jambon s'il vous plaît.*

A Anderhalf B Honderd C Eenvijftig D Vijftien

Astuce Le verbe **pinnen** *payer par carte bancaire* ou *retirer de l'argent au distributeur* est dérivé de l'acronyme **PIN Persoonlijk Identificatie Nummer** *numéro personnel d'identification*.

Focus Le lexique alimentaire (2)

Corrigé page 154

Cochez le mot qui n'appartient pas à la catégorie indiquée.

1. brood

A het tarwebrood C het volkorenbrood
B de boodschap D het roggebrood

2. kaas

A de belegen kaas C de Goudse kaas
B de Edammer D de keuze

3. vlees

A het kaasplankje C de leverworst
B de ham D de runderrollade

Focus La négation geen meer *ne plus*

Corrigé page 154

Répondez aux questions posées par la négative comme il convient.

1. Heb je roggebrood?
   - A Nee, ik heb geen roggebrood meer.
   - B Nee, ik heb geen meer roggebrood.

2. Heb je haast?
   - A Nee, ik heb geen meer haast.
   - B Nee, ik heb geen haast meer.

3. Hebben jullie verschillende soorten kazen?
   - A Nee, we hebben geen verschillende soorten meer kazen.
   - B Nee, we hebben geen verschillende soorten kazen meer.

4. Is de klant koning?
   - A Nee, de klant is geen koning meer.
   - B Nee, geen klant meer is koning.

Focus Les verbes à particule séparable (1)

Cochez la phrase où la particule du verbe est bien placée.

1. aanraden
   - A Welke soorten brood raad je me aan?
   - B Welke soorten brood aanraad je me?
   - C Welke soorten brood aan je me raad?

2. uitkiezen
   - A Je kiest vier kazen van uit verschillende smaken.
   - B Je kiest vier kazen van verschillende smaken uit.
   - C Je uitkiest vier kazen van verschillende smaken.

Corrigé page 154

3. samenstellen

   A Stel maar samen iets lekkers!

   B Samenstel maar iets lekkers!

   C Stel maar iets lekkers samen!

4. vrijkomen

   A De flat vrijkomt in december.

   B De flat komt in december vrij.

   C De flat komt in vrij december.

5. ophalen

   A Haal je het om zes uur op?

   B Ophaal je het om zes uur?

   C Haal je het om op zes uur?

Astuce La particule des verbes à particule séparable se détache de l'infinitif lors de la conjugaison au présent et à l'impératif, et se place en principe à la fin de la proposition principale.

Focus Les verbes à particule séparable (2)

Indiquez si l'accent tonique est placé correctement.

1. voorstellen

   A correct B faux

2. uitnodigen

   A correct B faux

3. inspreken

   A correct B faux

4. ophalen

   A correct B faux

5. aandoen

(A) correct (B) faux

6. vrijkomen

(A) correct (B) faux

7. aanraden

(A) correct (B) faux

8. samenstellen

(A) correct (B) faux

Astuce L'accent tonique d'un verbe séparable tombe toujours sur la particule séparable.

Focus Les verbes à particule séparable (3)

Corrigé page 154

Indiquez si la préposition **te** *est placée correctement.*

1. Ze hebben zin om iets lekkers te uitkiezen.

(A) correct (B) faux

2. Je hebt verschillende soorten kaas nodig om een lekkere kaasplank samen te stellen.

(A) correct (B) faux

3. Heb je tijd om me een paar apps te aanraden?

(A) correct (B) faux

Focus Le futur

Choisissez la bonne traduction.

1. À quelle heure seras-tu de retour ?

(A) Hoe laat ben je terug?

(B) Hoe laat zullen we zijn terug?

2. Je viendrai te chercher à six heures.

A Ik laat je om zes uur ophalen.

B Ik kom je om zes uur ophalen.

3. Nous allons commencer.

A Zullen we beginnen.

B We gaan beginnen.

4. Nous allons faire des courses demain matin.

A We gaan morgenochtend boodschappen doen.

B We gaan doen morgenochtend boodschappen.

5. La fromagerie ouvrira demain à neuf heures.

A De kaaswinkel zal morgen om negen uur open.

B De kaaswinkel is morgen om negen uur open.

Astuce La plupart du temps, pour exprimer le futur, il suffit d'utiliser le verbe au présent accompagné d'un complément de temps ou d'un interrogatif temporel. Pour exprimer un futur (proche), le verbe **gaan** *aller* est aussi fréquemment utilisé.

Focus L'interrogatif welk *quel/s, quelle/s*

Corrigé page 154

Choisissez la forme correcte de l'interrogatif.

1. ... soorten kaas heb je?

A Welk B Welke

2. In ... huis woont ze?

A welk B welke

3. ... appartement vind je mooier?

A Welk B Welke

4. ... week is het ?

A Welk B Welke

Focus Exprimer ses besoins, ses envies dans un magasin

Corrigé page 154

Choisissez la traduction correcte.

1. Ik ben aan de beurt.
   - A C'est mon tour.
   - B Je suis dans les environs.
2. Twee roggebroden alsjeblieft.
   - A Deux pains aux céréales s'il vous plaît.
   - B Deux pains de seigle s'il te plaît.
3. En anderhalf ons salami graag.
   - A Et 500 grammes de jambon s'il te plaît.
   - B Et 150 grammes de salami s'il te plaît.
4. Hoeveel kaas heb ik per persoon nodig?
   - A De combien de fromages ai-je besoin par personne ?
   - B De combien de pains ai-je besoin par personne ?
5. Ik wil graag pinnen.
   - A Je voudrais payer en espèces.
   - B Je voudrais payer par carte bancaire.

Focus Les mots composés

Complétez le mot composé avec le terme qui convient.

1. de ...rollade *(le rôti de bœuf)*
   - A lever B runder C meergranen
2. het kaas... *(le plateau de fromages)*
   - A kantje B plantje C plankje
3. het ...brood *(le pain de froment)*
   - A tarwe B rogge C bruin
4. de kaas... *(la fromagerie)*
   - A markt B winkel C plank
5. de ...worst *(la saucisse de pâté de foie)*
   - A rook B boterham C lever

Module 16
WOORDENSCHAT

Verbes

proeven	*goûter*
betalen	*payer*
uitkiezen	*choisir, sélectionner*
samenstellen	*composer*
ophalen	*venir chercher*

Noms

de slager	*le boucher*
de leverworst	*la saucisse de pâté de foie*
de runderrollade	*le rôti de bœuf*
de bakker	*le boulanger*
het stuk	*le morceau*
de smaak	*le goût*
de keuze	*le choix*
het vlees	*la viande*
de kaasplank	*le plateau à/de fromages*
de kaaswinkel	*la fromagerie*
het bruinbrood	*le pain bis, complet*
het witbrood	*le pain blanc, le pain de mie*
het meergranenbrood	*le pain aux céréales*
het roggebrood	*le pain de seigle*
het tarwebrood	*le pain de froment*
het volkorenbrood	*le pain intégral*

Locutions/Phrases essentielles

Wie is er aan de beurt?	*À qui le tour ?*
Anders nog iets?	*Autre chose ?*
Wat mag het zijn?	*Vous désirez ?*
Dat is het?	*Ce sera tout ?*
Kan ik je helpen?	*Puis-je t'aider ?*
Ik wil graag pinnen.	*Je voudrais payer par carte bancaire.*
Anderhalf ons ... graag.	*150 grammes de ... s'il te/vous plaît.*
boodschappen doen	*faire des courses*
haast hebben	*être pressé/e*
De klant is koning.	*Le client est roi.*

Module 16
CORRIGÉ

VOTRE SCORE :

Basis

PAGE 145 - Le lexique alimentaire
1 C | 2 A | 3 B | 4 D

PAGES 145-146 - Les expressions courantes utilisées dans les magasins
1 C | 2 D | 3 A | 4 B | 5 C | 6 D | 7 A | 8 D | 9 A

PAGE 146 - Le lexique alimentaire
1 B | 2 D | 3 A

PAGE 147 - La négation **geen meer** *ne plus*
1 A | 2 B | 3 B | 4 A

PAGES 147-148 - Les verbes à particule séparable
1 A | 2 B | 3 C | 4 B | 5 A

PAGES 148-149 - Les verbes à particule séparable
1 A | 2 B | 3 B | 4 A | 5 B | 6 A | 7 B | 8 A

PAGE 149 - Les verbes à particule séparable
1 B | 2 A | 3 B

PAGES 149-150 - Le futur
1 A | 2 B | 3 B | 4 A | 5 B

PAGE 150 - L'interrogatif **welk** *quel/s*, *quelle/s*
1 B | 2 A | 3 A | 4 B

PAGE 151 - Exprimer ses besoins, ses envies dans un magasin
1 A | 2 B | 3 B | 4 A | 5 B

PAGE 151 - Les mots composés
1 B | 2 C | 3 A | 4 B | 5 C

Vous avez obtenu entre 0 et 10 ? Oeps!
Vous avez obtenu entre 10 et 21 ? Iets te weinig ...
Vous avez obtenu entre 22 et 32 ? Niet slecht, maar ...
Vous avez obtenu entre 33 et 44 ? Heel goed.
Vous avez obtenu 45 et plus ? Uitstekend!

Focus Le pluriel des noms (suite)

Corrigé page 164

Mettez ces noms à la forme plurielle.

1. gamba
   A gambaas B gamba's C gambas

2. film
   A filmmen B film's C films

3. kilo
   A kilo's B kiloos C kilos

4. computer
   A computer's B computers C computeren

5. kiwi
   A kiwies B kiwis C kiwi's

6. flat
   A flats B flat's C flaten

7. menu
   A menus B menu's C mennus

8. café
   A cafees B café's C cafés

9. hobby
   A hobby's B hobbys C hobies

Astuce Après des noms qui se terminent par une voyelle longue, il convient d'ajouter une apostrophe avant le **-s** pour conserver la prononciation longue. Notez que l'apostrophe n'est pas nécessaire après une voyelle accentuée : **cafés**.

Module 17
BASIS

Focus Quelques plats de la cuisine néerlandaise (1)

Corrigé page 164

Choisissez la bonne traduction.

1. la potée de chou frisé

   A de kolenboer — B de boerenkool

2. la saucisse fumée

   A de boterhamworst — B de rookworst

3. la potée de pommes de terre, de carottes et d'oignons

   A de hutspot — B de aardappelpot

4. la potée de pommes de terre et de scarole

   A de andijviestamppot — B de zuurkoolstamppot

Focus Quelques plats de la cuisine indonésienne (2)

Complétez par le mot manquant adapté.

1. We zijn gek op nasi ... *(plat à base de riz frit)*

   A goreng. — B rijst.

2. Wil je saté met ...? *(purée de piment)*

   A sambal — B peper

3. Ze eet een ... *(boulette de riz frit)*

   A rijsttafel. — B nasibal.

4. Hij neemt een ... *(galette aux nouilles)*

   A pannenkoek. — B bamischijf.

Astuce La cuisine indonésienne est très appréciée par les Néerlandais. Parmi les plats les plus connus on trouve **de rijsttafel**, une sorte de buffet indonésien, composé d'un ensemble de petits plats indonésiens, de riz et de différentes sauces, **de nasi goreng**, un plat à base de riz frit et **de saté**, une petite brochette de viande accompagnée de sauce saté, le tout plus ou moins relevé avec du **sambal** *purée de piment*.

Focus Différents plats et boissons

Complétez par le mot manquant adapté.

1. Zullen we een ... *(buffet indonésien)* bestellen?
   - A rijst
   - B rijsttafel
   - C tafel
   - D buffet
2. Ik drink graag ... *(rosé)*.
   - A rose
   - B roos
   - C rosé
   - D rozé
3. We nemen een ... *(crêpe)* zonder suiker.
   - A pannenkoek
   - B koekje
   - C pan
   - D toetje
4. Willen jullie een kop ... *(thé)*?
   - A koffie
   - B thé
   - C café
   - D thee
5. Zij is gek op ... *(sauce saté)*.
   - A saus
   - B satésaus
   - C saté
   - D sambal

Focus Savoir dire qu'on a faim ou soif

Corrigé page 164

Cochez la réplique qui convient en fonction du contexte.

1. Wil je iets drinken?
   - A Ja graag, ik heb dorst.
   - B Ja graag, ik heb honger.
2. Nemen jullie een voorgerecht?
   - A Ja, we hebben honger.
   - B Ja, we hebben dorst.
3. Hij bestelt een groot glas water.
   - A Hij heeft geen dorst.
   - B Hij heeft dorst.
4. Zij bestelt een voorgerecht, de dagschotel en een dessert.
   - A Zij heeft honger.
   - B Zij heeft geen honger.

Module 17
BASIS

Focus Savoir employer plusieurs tournures utiles au restaurant

Corrigé page 164

Complétez par le mot manquant adapté.

1. Mogen we de ...? *Pouvons-nous avoir la carte ?*

   A kast — C keuken
   B kaas — D kaart

2. De ... alstublieft. *L'addition s'il vous plaît.*

   A bedrag — C rekening
   B prijs — D bestand

3. We nemen de ... *Nous prenons le plat du jour.*

   A nagerecht. — C hoofdgerecht.
   B dagschotel. — D toetje.

4. Ik wil graag een pannenkoek met ... *Je voudrais une crêpe avec du sucre.*

   A suiker. — C zout.
   B peper. — D sambal.

5. Eet ...! *Bon appétit !*

   A goed — C honger
   B smakelijk — D smaken

Focus Parler de ses préférences et de ses goûts (1)

Choisissez la bonne traduction.

1. J'aime boire du café.

   A Ik drink graag koffie.
   B Ik houd van drinken koffie.

2. Il préfère boire du rosé.

   A Hij drinkt liever rosé.
   B Hij is dol op rosé.

3. Elle préfère par-dessus tout boire du vin rouge.

   A Zij wil een glas rode wijn drinken.

   B Zij drinkt het liefst rode wijn.

4. Je trouve que c'est un peu fade.

   A Ik vind het een beetje pikant.

   B Ik vind het een beetje flauw.

5. Ils raffolent des gambas à la sauce saté.

   A Zij zijn gek op gamba's met satésaus.

   B Zij proeven van de gamba's met satésaus.

6. Elles n'aiment pas les croquettes.

   A Zij houden niet van bamischijven.

   B Zij houden niet van kroketten.

Focus Les mots composés

Corrigé page 164

Complétez le mot composé avec le terme qui convient.

1. het ...café *(le café-restaurant)*

   A restaurant B eet C koffie

2. het voor... *(l'entrée)*

   A gerecht B menu C eten

3. de pannen... *(la crêpe)*

   A schijf B schotel C koek

4. de snack... *(la friterie)*

   A restaurant B bar C café

5. de ...kaart *(la carte des menus)*

   A menu B menuus C menu's

Module 17
BASIS

Focus Savoir commander dans un restaurant ou un café

Corrigé page 164

Choisissez la suite adéquate du mini dialogue.

1. - Mogen we de kaart?
   - Alsjeblieft. Hier opeten of meenemen?

A - Ja, we hebben zin in een kroketje.

B - Hier opeten graag.

C - We willen graag iets eten.

2. - Wilt u bestellen?
   - Ja, ik heb dorst.

A - Dus geeft u mij maar een biertje.

B - Dus geeft u mij maar een toetje.

C - Dus geeft u mij maar frietjes.

3. - Willen jullie een dessert?
   - Ja graag,

A - voor mij aardbeien met ijs en slagroom.

B - voor mij boerenkool met worst.

C - voor mij een rijsttafel.

Focus Le vocabulaire autour des cafés et restaurants

Trouvez l'intrus.

1. nagerecht - toetje - dagschotel - dessert

A nagerecht

B toetje

C dagschotel

D dessert

2. café - restaurant - snackbar - koffie

A café

B restaurant

C snackbar

D koffie

3. ham - peper - zout - sambal

A ham
B peper
C zout
D sambal

4. saté - appel - nasibal - bamischijf

A saté
B appel
C nasibal
D bamischijf

5. opeten - meenemen - bestellen - rekening

A opeten
B meenemen
C bestellen
D rekening

Astuce Le nom **het toetje** *le dessert* s'emploie habituellement en famille.

Focus Parler de ses préférences et de ses goûts (2)

Cochez la syntaxe qui convient.

1. film / gaan / we / de / graag / naar → We ...

A We naar de film gaan graag.
B We gaan graag naar de film.

Corrigé page 164

2. liever / naar / gaan / zij / strand / het → Zij ...

A Zij gaan liever naar het strand.
B Zij liever naar het strand gaan.

3. gaat / het liefst / hij / naar / eetcafé / het → Hij ...

A Hij gaat naar het eetcafé het liefst.
B Hij gaat het liefst naar het eetcafé.

4. thuis / eten / graag / we → We ...

A We thuis eten graag.
B We eten graag thuis.

Corrigé page 164

5. eten / niet / jullie / thuis / liever → Jullie ...

A Jullie liever niet eten thuis.

B Jullie eten liever niet thuis.

6. restaurant / het / in / eten / liefst / het / zij → Zij ...

A Zij eten het liefst in het restaurant.

B Zij in het restaurant het liefst eten.

Verbes

bestellen	*commander*
smaken	*avoir du goût*

Noms

het zout	*le sel*
de peper	*le poivre*
de suiker	*le sucre*
de boerenkool	*la potée de chou frisé*
de hutspot	*la potée de pommes de terre, de carottes et d'oignons*
de andijviestamppot	*la potée de pommes de terre et de scarole*
de sambal	*la purée de piment*
de satésaus	*la sauce saté*
de saté	*une petite brochette de viande accompagnée de sauce saté*
de nasibal	*la boulette de riz frit*
de bamischijf	*la galette aux nouilles*
de rijsttafel	*le buffet indonésien*

de nasi goreng	*plat à base de riz frit*
het eetcafé	*le café-restaurant*
de snackbar	*la friterie*
de dagschotel	*le plat du jour*
het voorgerecht	*l'entrée (plat)*
het hoofdgerecht	*le plat principal*
het nagerecht, het dessert, het toetje	*le dessert*
de rekening	*l'addition*

Adjectifs/Adverbes

pikant	*épicé/e*
flauw	*fade*

Locutions/Phrases essentielles

dorst hebben	*avoir soif*
honger hebben	*avoir faim*
Eet smakelijk!	*Bon appétit !*
gek/dol zijn op	*raffoler de, être fou de, adorer*
hier opeten of meenemen	*sur place ou à emporter*

Module 17
CORRIGÉ

VOTRE SCORE :

Basis

PAGE 155 - Le pluriel des noms
1 B | 2 C | 3 A | 4 B | 5 C | 6 A | 7 B | 8 C | 9 A

PAGE 156 - Quelques plats de la cuisine néerlandaise
1 B | 2 B | 3 A | 4 A

PAGE 156 - Quelques plats de la cuisine indonésienne
1 A | 2 A | 3 B | 4 B

PAGE 157 - Différents plats et boissons
1 B | 2 C | 3 A | 4 D | 5 B

PAGE 157 - Savoir dire qu'on a faim ou soif
1 A | 2 A | 3 B | 4 A

PAGE 158 - Savoir employer plusieurs tournures utiles au restaurant
1 D | 2 C | 3 B | 4 A | 5 B

PAGES 158-159 - Parler de ses préférences et de ses goûts
1 A | 2 A | 3 B | 4 B | 5 A | 6 B

PAGE 159 - Les mots composés
1 B | 2 A | 3 C | 4 B | 5 A

PAGE 160 - Savoir commander dans un restaurant ou un café
1 B | 2 A | 3 A

PAGES 160-161 - Le vocabulaire autour des cafés et restaurants
1 C | 2 D | 3 A | 4 B | 5 D

PAGES 161-162 - Parler de ses préférences et de ses goûts
1 B | 2 A | 3 B | 4 B | 5 B | 6 A

Vous avez obtenu entre 0 et 11 ? Oeps!
Vous avez obtenu entre 12 et 23 ? Iets te weinig ...
Vous avez obtenu entre 24 et 35 ? Niet slecht, maar ...
Vous avez obtenu entre 36 et 46 ? Heel goed.
Vous avez obtenu 47 et plus ? Uitstekend!

Focus Communiquer par téléphone

Complétez par le mot manquant adapté.

1. Tring, tring. ... huisartsenpraktijk Welzijn.

   A Op B Tot C Aan D Met

2. Met Maartje. Kan ik de dokter ...?

   A spreken B bestellen C horen D bellen

3. De dokter is in ...

   A telefoon. B gesprek. C lijn. D terug.

4. Wil je terugbellen of ... je aan de lijn?

   A spreek B hang C bel D blijf

5. O, ze hangt net op, ik ... je door.

   A hang B praat C verbind D geef

Focus Petit lexique du corps humain

Corrigé page 174

Choisissez la bonne traduction.

1. la jambe

   A de teen B de voet C het been

2. la tête

   A het gezicht B het hoofd C de keel

3. le dos

   A de rug B de buik C de hand

4. la main

   A de hand B de schouder C de vinger

5. le ventre

   A het oog B de voet C de buik

6. le bras

(A) de teen (B) de arm (C) de neus

7. le pied

(A) het been (B) de voet (C) de teen

8. le doigt

(A) de neus (B) het oor (C) de vinger

9. l'orteil

(A) de teen (B) het been (C) de rug

10. l'épaule

(A) de schouder (B) de arm (C) het hoofd

11. la gorge

(A) de mond (B) de keel (C) de teen

Focus Les parties du visage

Corrigé page 174

Choisissez la bonne traduction.

1. le visage

(A) de keel (B) het gezicht (C) het hoofd

2. le nez

(A) de neus (B) de rug (C) de arm

3. l'œil

(A) het been (B) het oor (C) het oog

4. la bouche

(A) de keel (B) de mond (C) de voet

5. l'oreille

(A) het oor (B) het oog (C) de schouder

Focus Les mots composés

Complétez le mot composé avec le terme qui convient.

1. de ...pijn *(le mal de tête)*
   - A buik
   - B hoofd
   - C gezicht
2. de ...pijn *(les courbatures)*
   - A lichaam
   - B nek
   - C spier
3. de ...pijn *(le mal de gorge)*
   - A keel
   - B buik
   - C oor
4. de hoest... *(le sirop contre la toux)*
   - A drank
   - B pijn
   - C keel
5. de pijn... *(l'anti-douleur)*
   - A prikkel
   - B stiller
   - C drank
6. het ...uur *(la consultation)*
   - A praat
   - B consult
   - C spreek
7. het herhaal... *(le renouvellement d'ordonnance)*
   - A klacht
   - B recept
   - C koorts

Focus Demander ce qui se passe et répondre à cette question

Corrigé page 174

Indiquez si l'ordre des mots est correct ou faux.

1. Waar heb je last van?
   - A correct
   - B faux
2. Wat je klachten zijn?
   - A correct
   - B faux
3. Ik 39 graden koorts heb.
   - A correct
   - B faux
4. Verder heb ik pijn in mijn hoofd.
   - A correct
   - B faux

5. Heb je ook pijn in je keel?

A correct B faux

Focus S'exprimer chez le médecin

Corrigé page 174

Choisissez la bonne traduction.

1. J'ai mal à la gorge et j'ai des courbatures (dans tout le corps).
   - A Ik heb keelpijn en spierpijn in m'n hele lichaam.
   - B Ik heb hoofdpijn en spierpijn in m'n hele hoofd.
2. Je tousse et j'ai 39 degrés de fièvre.
   - A Ik hoest en ik heb 39 graden griep.
   - B Ik hoest en ik heb 39 graden koorts.
3. Et puis, je suis très fatigué/e.
   - A En verder ben ik erg moe.
   - B En verder heb ik erg veel pijn.
4. Mon épaule (me) fait mal.
   - A Mijn schouder doet pijn.
   - B Mijn schouder heeft pijn.
5. Je suis enrhumé/e.
   - A Ik heb het koud.
   - B Ik ben verkouden.

Focus Petit lexique médical

Trouvez l'intrus.

1. fièvre - grippe - douleurs
   - A koorts C griep
   - B pijn D lichaam

2. mal de ventre - mal au dos - mal de gorge

A oorpijn
B keelpijn
C buikpijn
D rugpijn

3. consultation par Internet - consultation par téléphone - consultation sans rendez-vous

A e-consult
B inloopspreekuur
C herhaalrecept
D telefonisch spreekuur

Astuce En règle générale, les Néerlandais limitent les visites chez le médecin ainsi que la prise de médicaments. Les services comme la consultation par téléphone ou par Internet, permettant par exemple de poser des questions ou de demander un renouvellement d'ordonnance, sont payants.

Focus Les pronoms interrogatifs

Corrigé page 174

Choisissez le bon pronom interrogatif.

1. ... heb je last van?

A Wie B Hoe C Wat D Waar

2. ... zijn je klachten?

A Waarom B Wanneer C Wat D Hoeveel

3. ... is de huisartsenpraktijk van dokter Bommels?

A Waar B Wie C Waarom D Wat

4. ... kan ik niet met de dokter spreken?

A Wanneer B Waarom C Hoe D Wat

5. ... heb je pijn?

A Wat B Wie C Waar D Hoeveel

Module 18
BASIS

Focus Le pronom sujet impersonnel er *il*

Corrigé page 174

Choisissez la bonne traduction.

1. Il y a une épidémie. (régner, être en circulation)

   A Er heerst een epidemie.

   B Er heersen epidemieën.

2. Il y a des chiens dans la rue. (marcher)

   A Er loopt een hond op straat.

   B Er lopen honden op straat.

3. Il y a un séjour spacieux et il y a deux chambres à coucher.

   A Er is een ruime woonkamer en er is twee slaapkamers.

   B Er is een ruime woonkamer en er zijn twee slaapkamers.

Astuce Le verbe accompagnant le pronom impersonnel **er** *il* s'accorde toujours avec le nom qui suit.

Focus Le pronom personnel er *il*

Choisissez la forme correcte du verbe.

1. Er ... geen fiets in de berging.

   A staat — B staan

2. Er ... een auto aan.

   A komt — B komen

3. Er ... veel katten op straat.

   A loopt — B lopen

4. Er ... veel gezinnen met kleine kinderen in dat flatgebouw.

   A woont — B wonen

5. Er ... iemand aan de telefoon voor je.

A is B zijn

6. Er ... veel soorten medicijnen tegen buikpijn.

A is B zijn

Focus Les verbes à particule séparable

Corrigé page 174

Cochez la phrase où la particule du verbe est bien placée.

1. terugbellen

A Bel je over een uurtje terug?

B Terugbel je over een uurtje?

2. ophangen

A De dokter ophangt net.

B De dokter hangt net op.

3. doorverbinden

A Ik doorverbind je nu.

B Ik verbind je nu door.

4. klaarleggen

A Ik leg een recept voor je klaar.

B Ik leg klaar een recept voor je.

Astuce Le nom **het recept** *l'ordonnance* peut également signifier *la recette*. Le contexte vous aidera à choisir la bonne traduction.

Module 18
WOORDENSCHAT

Verbes

terugbellen	*rappeler*
ophangen	*raccrocher*
doorverbinden	*passer la communication*
hoesten	*tousser*
heersen	*régner, être en circulation*
klaarleggen	*préparer*

Corps humain

het lichaam	*le corps*
het been	*la jambe*
het hoofd	*la tête*
de rug	*le dos*
de hand	*la main*
de buik	*le ventre*
de arm	*le bras*
de voet	*le pied*
de vinger	*le doigt*
de teen	*l'orteil*
de schouder	*l'épaule*
de keel	*la gorge*
de nek	*la nuque*
de spier	*le muscle*

Parties du visage

het gezicht	*le visage*
de neus	*le nez*

het oog	*l'œil*
de mond	*la bouche*
het oor	*l'oreille*

Noms

de huisartsenpraktijk	*le cabinet médical*
de dokter	*le médecin*
de hoestdrank	*le sirop contre la toux*
de pijnstiller	*l'anti-douleur*
het spreekuur	*la consultation*
het inloopspreekuur	*la consultation sans rendez-vous*
het herhaalrecept	*le renouvellement d'ordonnance*
het medicijn	*le médicament*
de koorts	*la fièvre*
de klacht	*la plainte*

Locutions/Phrases essentielles

in gesprek zijn	*être en ligne, occupé/e*
aan de lijn blijven	*rester en ligne*
last hebben van	*souffrir de, être gêné/e par*
moe zijn	*être fatigué/e*
pijn hebben	*avoir mal, avoir des douleurs*
pijn doen	*faire mal*
klachten hebben	*souffrir de*
verkouden zijn	*être enrhumé/e*

Module 18
CORRIGÉ

VOTRE SCORE :

Basis

PAGE 165 - Communiquer par téléphone
1 D | 2 A | 3 B | 4 D | 5 C

PAGES 165-166 - Petit lexique du corps humain
1 C | 2 B | 3 A | 4 A | 5 C | 6 B | 7 B | 8 C | 9 A | 10 A | 11 B

PAGE 166 - Les parties du visage
1 B | 2 A | 3 C | 4 B | 5 A

PAGE 167 - Les mots composés
1 B | 2 C | 3 A | 4 A | 5 B | 6 C | 7 B

PAGES 167-168 - Demander ce qui se passe et répondre à cette question
1 A | 2 B | 3 B | 4 A | 5 A

PAGE 168 - S'exprimer chez le médecin
1 A | 2 B | 3 A | 4 A | 5 B

PAGES 168-169 - Petit lexique médical
1 D | 2 A | 3 C

PAGE 169 - Les pronoms interrogatifs
1 D | 2 C | 3 A | 4 B | 5 C

PAGES 170-171 - Le pronom sujet impersonnel **er** *il*
1 A | 2 B | 3 B
1 A | 2 A | 3 B | 4 B | 5 A | 6 B

PAGE 171 - Les verbes à particule séparable
1 A | 2 B | 3 B | 4 A

Vous avez obtenu entre 0 et 11 ? Oeps!
Vous avez obtenu entre 12 et 23 ? Iets te weinig ...
Vous avez obtenu entre 24 et 35 ? Niet slecht, maar ...
Vous avez obtenu entre 36 et 47 ? Heel goed.
Vous avez obtenu 48 et plus ? Uitstekend!

Focus Manier quelques termes de la vie au bureau

Complétez par le mot manquant adapté. Il peut y avoir plusieurs réponses possibles.

1. Ga je naar ... of werk je thuis?

   A werk B spreekuur C gebouw D kantoor

2. Om negen uur doe ik de ... aan.

   A spreadsheet B computer C laptop D bureau

3. Werkt hij vier ... per week?

   A dagen B weekend C vrijdag D ochtend

4. Om elf uur hebben we ... en daarna ga ik wat brieven typen.

   A bestand B studie C fotokopie D vergadering

5. Hij houdt van ... bijwerken maar niet van telefoneren.

   A spreadsheets B fotokopieën C computer D bestanden

Astuce Les mots **de computer** *l'ordinateur*, **de laptop** *l'ordinateur portable*, **het spreadsheet** *le tableur* et **typen** *taper à la machine* sont des emprunts à l'anglais.

Focus Quelques locutions

Corrigé page 184

Cochez la bonne traduction.

1. er tussen uit gaan

   A faire une pause/un break, faire un tour B se situer entre les deux

2. makkelijk praten hebben

   A facile à dire B être un beau parleur

3. en ga zo maar door

   A et nous devons continuer B et ainsi de suite

4. tussen de middag

   A à midi B entre les après-midis

Corrigé page 184

5. enzovoort - enz.

Ⓐ et cetera - etc. Ⓑ c'est-à-dire - c.-à-d.

Focus Les adjectifs démonstratifs dezelfde *le/la/les même/s* et hetzelfde *le/la même*

Choisissez le bon adjectif démonstratif.

1. ... sleur

Ⓐ dezelfde Ⓑ hetzelfde

2. ... week

Ⓐ dezelfde Ⓑ hetzelfde

3. ... kantoor

Ⓐ dezelfde Ⓑ hetzelfde

4. ... vergaderingen

Ⓐ dezelfde Ⓑ hetzelfde

5. ... spreadsheet

Ⓐ dezelfde Ⓑ hetzelfde

6. ... ideeën

Ⓐ dezelfde Ⓑ hetzelfde

Astuce L'adjectif démonstratif **dezelfde** *le/la/les même/s* s'emploie devant un nom du genre commun et devant le pluriel ; **hetzelfde** *le/la même* s'emploie devant un nom du genre neutre.

Focus Les adjectifs démonstratifs dezelfde et hetzelfde

Choisissez la bonne traduction.

1. Toujours les mêmes lamentations au travail.

Ⓐ Altijd hetzelfde gezeur op het werk.

Ⓑ Altijd dezelfde sleur op het werk.

2. Les mêmes réunions, tableurs et lettres.

   A Hetzelfde vergaderingen, bestanden en brieven.

   B Dezelfde vergaderingen, spreadsheets en brieven.

3. Nous mangeons toujours la même chose à midi.

   A We eten altijd hetzelfde tussen de middag.

   B We eten altijd dezelfde tussen de middag.

4. C'est exactement pareil.

   A Dat is correct dezelfde.

   B Dat is precies hetzelfde.

Astuce L'adjectif démonstratif **hetzelfde** s'utilise également comme adverbe et se traduit alors par *pareil*, *la même chose*.

Focus Parler de la routine quotidienne

Corrigé page 184

Choisissez la bonne traduction.

1. Het is weer maandag! Vreselijk!

   A Le retour du beau temps ce lundi ! Délicieux !

   B C'est à nouveau lundi ! Horrible !

2. De wekker gaat elke dag om acht uur af.

   A La pendule sonne tous les jours à huit heures.

   B Le réveil sonne tous les jours à huit heures.

3. Op zondag ga ik altijd vroeg naar bed.

   A Le dimanche, je me couche toujours tôt.

   B Ce dimanche, je vais me coucher tôt.

4. Ik ga er even tussenuit om de routine te doorbreken.

   A J'aime me promener pour rompre la routine.

   B Je vais faire un tour pour rompre la routine.

Corrigé page 184

5. Op kantoor altijd dezelfde sleur!

A Au bureau toujours le même train-train !

B Au bureau toujours ces mêmes lamentations !

6. Brieven typen, fotokopieën maken, tussendoor telefoneren en ga zo maar door.

A Taper des lettres, faire des photocopies, entre-deux téléphoner et ainsi de suite.

B Préparer des lettres, faire des photocopies, vers deux heures téléphoner et ainsi de suite.

Focus Les pronoms démonstratifs zo'n *un/e tel/le* et zulk(e) *de tel/le/s* (1)

Choisissez la bonne traduction.

1. un garçon si joyeux

A z'on vrolijke jongen

B zulk vrolijke jongen

C zo'n vrolijke jongen

D zulke vrolijke jongen

2. des garçons si joyeux

A z'on vrolijke jongens

B zulk vrolijke jongens

C zo'n vrolijke jongens

D zulke vrolijke jongens

3. Un tel beau temps demande une bonne glace !

A Z'on lekker weer vraagt om een lekker ijsje!

B Zulk lekker weer vraagt om een lekker ijsje!

C Zo'n lekker weer vraagt om een lekker ijsje!

D Zulke lekker weer vraagt om een lekker ijsje!

4. de si bons médicaments

A z'on goede medicijnen

B zulk goede medicijnen

C zo'n goede medicijnen

D zulke goede medicijnen

Astuce La forme **zo'n** *un/e tel/le*, *pareil/le*, *tellement* s'utilise avec des noms quantifiables au singulier ; **zulk** *de tel/le*, *de si*, *tellement* s'utilise avec des noms non quantifiables au singulier du genre neutre ; **zulke** *de tel/le/s*, *de si*, *tellement* s'utilise avec des noms non quantifiables du genre commun et avec des noms au pluriel.

Focus Les pronoms démonstratifs zo'n *un/e tel/le* et zulk(e) *de tel/le/s* (2)

Complétez par la forme correcte.

1. Ik heb ... oorpijn!

   A zo'n B zulk C zulke

2. Het is ... lekker bier!

   A zo'n B zulk C zulke

3. Jij hebt altijd ... negatieve ideeën!

   A zo'n B zulk C zulke

4. Het is ... lief meisje!

   A zo'n B zulk C zulke

5. Waarom eet je ... koud ijs?

   A zo'n B zulk C zulke

6. ... lekkere kaas vind je alleen in Nederland.

   A Zo'n B Zulk C Zulke

7. Het zijn ... leuke sporten!

   A zo'n B zulk C zulke

Focus Proposer des actions positives

Corrigé page 184

Indiquez si l'action proposée est positive ou pas.

1. Houd toch op met dat gezeur en ga er even tussenuit!

   A oui B non

2. Begin de dag zeker niet met een lach!

   A oui B non

3. Denk maar aan iets leuks!

   A oui B non

4. Ga gewoon door met negatief denken!

   A oui B non

Module 19
BASIS

Focus L'adverbe pronominal er/daar *y, en* (1)

Commencez par remplacer les mots soulignés par le mot correct.

Corrigé page 184

1. Wanneer kan ik in <u>de woning</u>?
   - A het
   - B er
2. Wat is verkeerd aan <u>te veel werken</u>?
   - A daar
   - B dat
3. Je hebt wel zin <u>om te blijven eten</u>, hè!
   - A het in
   - B daar in
4. Ze heeft geen zin in <u>een glas witte wijn</u>.
   - A er
   - B dat

Astuce L'adverbe pronominal **er/daar** + préposition remplace le nom d'un objet ou d'un concept.

Focus L'adverbe pronominal er/daar *y, en* (2)

Maintenant cochez la bonne syntaxe.

1. Wanneer kan ik <u>in de woning</u>?
   - A Wanneer kan ik erin?
   - B Wanneer kan er ik in?
2. Wat is verkeerd aan <u>te veel werken</u>?
   - A Wat daar is aan verkeerd?
   - B Wat is daar verkeerd aan?
3. Je hebt wel zin <u>om te blijven eten</u>, hè!
   - A Daar heb je wel zin in, hè!
   - B Daar heb je in wel zin, hè!
4. Ze heeft geen zin in <u>een glas witte wijn</u>.
   - A Ze erin heeft geen zin.
   - B Ze heeft er geen zin in.

Astuce L'adverbe pronominal **daar** est la variante accentuée de **er**. L'adverbe peut être accolé à la préposition ou en être séparé. En règle générale, il se place le plus près possible du verbe conjugué et la préposition est placée vers la fin de la phrase.

Focus Au bureau (1)

Corrigé page 184

Trouvez l'intrus.

1. sonner - actualiser - allumer

   A doorbreken
   B bijwerken
   C afgaan
   D aandoen

2. taper à la machine - téléphoner - travailler

   A werken
   B telefoneren
   C veranderen
   D typen

3. lamentations - train-train - routine

   A routine
   B gezeur
   C sleur
   D gedachte

Focus Au bureau (2)

Indiquez quelle syllabe porte l'accent tonique.

1. doorbreken

   A **door**breken
   B doorbre**ken**
   C door**bre**ken
   D **doorbreken**

2. veranderen

   A **ver**anderen
   B ver**an**deren
   C veran**de**ren
   D verande**ren**

3. gedachte

   A **ge**dachte
   B ge**dach**te
   C gedach**te**
   D **gedachte**

Astuce Le verbe **doorbreken** *rompre* dans le sens de *mettre fin à une situation* n'est pas un verbe à particule séparable. Rappelez-vous que le **e** atone et le préfixe **ver-** ne portent pas l'accent tonique.

Module 19
WOORDENSCHAT

Verbes

bijwerken	*actualiser, mettre à niveau*
afgaan	*sonner (réveil)*
doorbreken	*rompre, mettre fin à une situation*
vragen om	*demander*
ophouden met	*arrêter de*
denken aan	*penser à*
doorgaan met	*continuer à*
aandoen	*allumer*
veranderen	*changer*

Noms

het kantoor	*le bureau (pièce)*
het bureau	*le bureau (meuble)*
de vergadering	*la réunion*
de sleur	*le train-train, la routine*
het gezeur	*des lamentations*
het weer	*le temps (météorologique)*
de gedachte	*la pensée, l'idée*

Adjectifs/Adverbes

daarna	*après*
precies	*exact/e, exactement*
weer	*à nouveau*
vreselijk	*horrible*
tussendoor	*entre-deux*
wel	*bien*

Adjectifs démonstratifs

dezelfde	*le/la/les même/s*
hetzelfde	*le/la même, pareil, la même chose*

Pronoms démonstratifs

zo'n/zulk	*un/e tel/le, pareil/le, tellement*
zulke	*de tel/le/s, de si, tellement*

Adverbe pronominal

er/daar	*y, en*

Locutions/Phrases essentielles

er tussen uit gaan	*faire une pause/un break, faire un tour*
makkelijk praten hebben	*facile à dire*
en ga zo maar door	*et ainsi de suite*
tussen de middag	*à midi*
enzovoort - enz.	*et cetera - etc.*
te veel	*trop*
naar bed gaan	*se coucher*

Module 19
CORRIGÉ

VOTRE SCORE :

Basis

PAGE 175 - Manier quelques termes de la vie au bureau
1 D | 2 B/C | 3 A | 4 D | 5 A/D

PAGES 175-176 - Quelques locutions
1 A | 2 A | 3 B | 4 A | 5 A

PAGE 176 - Les adjectifs démonstratifs **dezelfde** *le/la/les même/s* et **hetzelfde** *le/la même*
1 A | 2 A | 3 B | 4 A | 5 B | 6 A

PAGES 176-177 - Les adjectifs démonstratifs **dezelfde** et **hetzelfde**
1 A | 2 B | 3 A | 4 B

PAGES 177-178 - Parler de la routine quotidienne
1 B | 2 B | 3 A | 4 B | 5 A | 6 A

PAGE 178 - Les pronoms démonstratifs **zo'n** *un/e tel/le* et **zulk(e)** *de tel/le/s*
1 C | 2 D | 3 B | 4 D

PAGE 179 - Les pronoms démonstratifs **zo'n** *un/e tel/le* et **zulk(e)** *de tel/le/s*
1 A | 2 B | 3 C | 4 A | 5 B | 6 C | 7 C

PAGE 179 - Proposer des actions positives
1 A | 2 B | 3 A | 4 B

PAGE 180 - L'adverbe pronominal **er/daar** *y, en*
1 B | 2 A | 3 B | 4 A
1 A | 2 B | 3 A | 4 B

PAGE 181 - Au bureau
1 A | 2 C | 3 D
1 C | 2 B | 3 B

Vous avez obtenu entre 0 et 10 ? Oeps!
Vous avez obtenu entre 11 et 21 ? Iets te weinig ...
Vous avez obtenu entre 22 et 32 ? Niet slecht, maar ...
Vous avez obtenu entre 33 et 43 ? Heel goed.
Vous avez obtenu 44 et plus ? Uitstekend!

Focus Verbe irrégulier au présent mogen *pouvoir*

Corrigé page 194

Choisissez la forme correcte du verbe.

1. ... we de kaart?

   (A) Moog (B) Mogen (C) Magen (D) Moge

2. ... ik betalen?

   (A) Mag (B) Mogen (C) Moog (D) Moge

3. Hij ... op zondag niet laat naar bed.

   (A) magt (B) mogt (C) mag (D) moge

4. ... u maar twee dagen per week thuiswerken?

   (A) Magt (B) Mogt (C) Moge (D) Mag

5. ... ze u iets vragen?

   (A) Mogt (B) Mag (C) Moge (D) Moogt

Astuce Le verbe **mogen** *pouvoir, être autorisé à, avoir le droit de* connaît une seule forme au singulier, **mag**, et une au pluriel, **mogen**.

Focus Verbe irrégulier au présent kunnen *pouvoir*

Choisissez la forme correcte du verbe. Il peut y avoir plusieurs réponses possibles.

1. U ... dus goed overweg met tekstverwerkers?

   (A) kun (B) kunt (C) kant (D) kan

2. Wanneer ... ze beginnen?

   (A) kunt (B) kant (C) kan (D) kun

3. We ... je helaas niet aannemen.

   (A) kunnen (B) kunen (C) kannen (D) kanen

4. ... je deze brief voor me typen?

   (A) Kan (B) kunt (C) kant (D) Kun

Corrigé page 194

5. Hij ... niet fietsen.

A kant B kan C kunt D kun

Astuce Le verbe **kunnen** *pouvoir, être possible, être capable de* se conjugue **kan** au singulier et **kunnen** au pluriel. Il existe aussi une forme en **-u** utilisée exclusivement à la 2e personne du singulier : **je kunt** *tu peux* et **u kunt** *vous pouvez*.

Focus Verbe irrégulier au présent willen *vouloir*

Choisissez la forme correcte du verbe. Il peut y avoir plusieurs réponses possibles.

1. Ik ... graag pinnen.

A will B wille C wile D wil

2. Je ... hem dus graag aannemen.

A wilt B willen C wil D will

3. ... jullie haar niet uitnodigen?

A Wilt B Willen C Wille D Wilen

4. Zoals je ...

A will. B wil. C wille. D wilt.

5. U ... niet bij ons komen werken?

A wilt B willen C will D wil

6. We ... u even voorstellen aan onze webredactrice.

A wilt B wille C willen D wil

7. April doet wat hij ...

A wilt. B willen. C wil. D will.

Astuce Le verbe **willen** *vouloir, souhaiter* se conjugue **wil** au singulier et **willen** au pluriel. Il existe aussi une forme avec une terminaison en **-t** à la 2e personne du singulier : **je wilt** *tu veux* et **u wilt** *vous voulez*.

Focus Verbes irréguliers au présent kunnen et mogen

Corrigé page 194

Choisissez le sens correct du verbe conjugué.

1. We kunnen een simpel menu samenstellen.

   A pouvoir, être possible de, être capable de — B pouvoir, être autorisé à, avoir le droit de

2. We mogen een simpel menu samenstellen.

   A pouvoir, être possible de, être capable de — B pouvoir, être autorisé à, avoir le droit de

3. Hij mag niet naar het buitenland.

   A pouvoir, être possible de, être capable de — B pouvoir, être autorisé à, avoir le droit de

4. Hij kan niet naar het buitenland.

   A pouvoir, être possible de, être capable de — B pouvoir, être autorisé à, avoir le droit de

5. Zij kunnen zwemmen.

   A pouvoir, être possible de, être capable de — B pouvoir, être autorisé à, avoir le droit de

6. Zij mogen zwemmen.

   A pouvoir, être possible de, être capable de — B pouvoir, être autorisé à, avoir le droit de

Astuce Souvenez-vous que **kunnen** exprime *une possibilité* ou *une capacité* et **mogen** *une permission, une autorisation*.

Focus Quelques termes spécifiques aux entretiens d'embauche (1)

Cochez la bonne traduction.

1. l'offre d'emploi

   A de vacature — B de baan

2. l'annonce

   A het verslag — B de advertentie

Corrigé page 194

3. le métier

A de opleiding — B het beroep

4. être disponible

A geschikt zijn — B beschikbaar zijn

5. l'emploi, le job, le poste

A de baan — B de post

6. la formation

A de opleiding — B de leiding

Focus Quelques termes spécifiques aux entretiens d'embauche (2)

Complétez par le mot manquant adapté. Il peut y avoir plusieurs réponses possibles.

1. In onze ... staat dat we een administratief medewerkster zoeken.

A beroep — B vacature — C advertentie — D baan

2. Waarom ben jij een geschikte ...?

A kandidaat — B ervaring — C baan — D stage

3. Graag wil ik solliciteren naar de ... van webredactrice.

A beroep — B organisatie — C bedrijf — D functie

4. Over welke ... beschik je?

A werkervaring — B beroep — C vaardigheden — D competenties

5. Ik wil graag stage ... bij jullie bedrijf.

A doen — B lopen — C maken — D hebben

Focus Quelques termes spécifiques aux entretiens d'embauche (3)

Choisissez la bonne préposition.

1. solliciteren ... de functie van *(postuler au poste de)*

A tot — B over — C naar

2. solliciteren ... een bedrijf *(postuler auprès d'une entreprise)*

A voor B bij C aan

3. solliciteren ... een vacature *(postuler à une offre d'emploi)*

A op B aan C bij

Corrigé page 194

Focus Parler de son expérience et de ses compétences

Choisissez la bonne traduction.

1. Bovendien beschikt hij over veel interessante competenties voor deze baan.

A En plus, il utilise beaucoup de compétences intéressantes pour cet emploi.

B En plus, il dispose de beaucoup de compétences intéressantes pour cet emploi.

2. Ik ben sociaal heel vaardig.

A J'ai de bonnes aptitudes relationnelles.

B Je suis très sociable et gentil.

3. Ze kan goed overweg met verschillende software.

A Elle sait se servir de différents logiciels.

B Elle est à l'aise avec différents logiciels.

4. Ik heb weinig ervaring, maar ik ben een harde werker.

A J'ai peu d'expérience, mais je travaille dur.

B J'ai pas mal d'expérience, mais je suis communicatif.

Focus La différence entre want *car* et omdat *parce que*

Choisissez la bonne conjonction.

1. Zij heeft geen baan, ... ze heeft geen ervaring.

A want B omdat

2. Zij heeft geen baan, ... ze geen ervaring heeft.

A want B omdat

3. Hij denkt dat weinig werkervaring geen probleem is, ... hij is sociaal heel vaardig.

(A) want (B) omdat

4. Hij denkt dat weinig werkervaring geen probleem is, ... hij sociaal heel vaardig is.

(A) want (B) omdat

Astuce Souvenez-vous que **want** introduit une proposition principale et **omdat** une proposition subordonnée, dans laquelle le sujet se trouve tout de suite après la conjonction, et le verbe conjugué en fin de phrase.

Focus Les conjonctions de subordination

Corrigé page 194

Choisissez la conjonction de subordination correcte.

1. ... ik het goed begrijp, heb je geen werkervaring. *(si)*

(A) Sinds (B) Als (C) Zodat

2. Denk je niet ... dat een probleem is? *(que)*

(A) dat (B) toen (C) als

3. ... u een geschikte kandidate bent, kan ik u niet aannemen. *(bien que, quoique)*

(A) Terwijl (B) Zodat (C) Hoewel

4. ... ze stage bij dat bedrijf loopt, is ze heel vrolijk. *(depuis que)*

(A) Toen (B) Sinds (C) Als

5. ... jullie het bestand bijwerken, ga ik brieven typen. *(pendant que)*

(A) Dat (B) Terwijl (C) Toen

6. Hij gaat vroeg naar huis, ... hij nog wat boodschappen kan doen. *(de sorte que)*

(A) zodat (B) dat (C) toen

7. ... ze vertrekt, moet ze nog een paar fotokopieën maken. *(avant que)*

(A) Nadat (B) Zodat (C) Voordat

8. ... hij klein was, speelde hij altijd alleen. *(Quand il était petit, il jouait toujours tout seul)*

(A) Toen (B) Als (C) Dat

Astuce Voici quelques conjonctions de subordination fréquentes : **als** *si*, *quand*, *lorsque*, **dat** *que*, **hoewel** *bien que*, *quoique*, **sinds** *depuis que*, **terwijl** *pendant que*, **zodat** *de sorte que*, **voordat** *avant que*, **nadat** *après que* et **toen** *quand*, *lorsque*, *alors que*.

Focus L'entretien d'embauche

Corrigé page 194

Complétez par les mots manquants adaptés.

1. In onze ... staat dat we een administratief medewerkster ...

   A tekstverwerker - werken.
   B organisatie - beschikken.
   C software - zijn.
   D vacature - zoeken.

2. Ik zie in je ... dat je helemaal geen ... hebt.

   A competenties - ervaring
   B stage - wetenschap
   C cv - werkervaring
   D vaardigheden - communicatie

3. Ondanks het ... dat ik weinig ervaring heb, ... ik over veel sociale vaardigheden.

   A feit - beschik
   B gedachte - heb
   C idee - begin
   D opleiding - loop

4. ... wil je bij ons komen ...?

   A Omdat - stage lopen
   B Waarom - werken
   C Als - zoeken
   D Dat - solliciteren

5. ... jullie een innoverende ... zijn.

   A Omdat - organisatie
   B Dat - kandidaten
   C Want - bedrijf
   D Als - functie

6. ... heb je niet veel ervaring, ik wil je toch ...

   A Als - werken.
   B Toen - assisteren.
   C Al - aannemen.
   D Omdat - beslissen.

7. ... kun je beginnen? - Nu ...

   A Waarom - straks.
   B Hoeveel - later.
   C Wat - uur.
   D Wanneer - meteen.

Module 20
WOORDENSCHAT

Verbes

	mag (sing.), **mogen** (pluriel)	*pouvoir, être autorisé à, avoir le droit de*
	kan (sing.), **kunnen** (pluriel)	*pouvoir, être possible de, être capable de*
je	**kan/kunt**	*tu peux*
u	**kan/kunt**	*vous pouvez*
	wil (sing.), **willen** (pluriel)	*vouloir, souhaiter*
je	**wil/wilt**	*tu veux*
u	**wil/wilt**	*vous voulez*
	thuiswerken	*travailler à domicile*
	aannemen	*embaucher*
	beschikken over	*disposer de*
	begrijpen	*comprendre*

Noms

de tekstverwerker	*le traitement de texte*
de software	*le logiciel*
de baan	*l'emploi, le travail, le job*
de opleiding	*la formation*
het beroep	*le métier*
de advertentie	*l'annonce*
de (werk)ervaring	*l'expérience (professionnelle)*
de vaardigheid	*la capacité, le savoir-faire, l'aptitude professionnelle*
de cv	*le C.V. (curriculum vitae)*
de medewerkster	*l'employée*
de webredactrice	*la rédactrice web*

Adjectifs/Adverbes

geschikt	*approprié/e*
weinig	*peu (de)*

helaas	*malheureusement*
helemaal	*tout à fait, complètement*
helemaal geen/niet	*pas du tout*
meteen	*tout de suite*
toch	*quand-même*

Conjonctions

omdat	*parce que*
als	*si, quand, lorsque*
dat	*que*
hoewel	*bien que, quoique*
sinds	*depuis que*
terwijl	*pendant que*
toen	*quand, lorsque, alors que, comme*
zodat	*de sorte que*
voordat	*avant que*
nadat	*après que*
zoals	*comme*
al	*même si*

Locutions/Phrases essentielles

overweg kunnen met	*savoir se servir de, manier*
beschikbaar zijn	*être disponible*
stage lopen	*faire un stage*
sociaal vaardig zijn	*avoir de bonnes aptitudes relationnelles*
ondanks het feit dat	*malgré le fait que*
solliciteren naar de functie van	*postuler au poste de*
solliciteren bij een bedrijf	*postuler auprès d'une entreprise*
solliciteren op een vacature	*postuler à une offre d'emploi*

Module 20
CORRIGÉ

Basis

VOTRE SCORE

PAGE 185 - Verbe irrégulier au présent **mogen** *pouvoir*
1 B | 2 A | 3 C | 4 D | 5 B

PAGES 185-186 - Verbe irrégulier au présent **kunnen** *pouvoir*
1 B/D | 2 C | 3 A | 4 A/D | 5 B

PAGE 186 - Verbe irrégulier au présent **willen** *vouloir*
1 D | 2 A/C | 3 B | 4 B/D | 5 A/D | 6 C | 7 C

PAGE 187 - Verbes irréguliers au présent **kunnen** et **mogen**
1 A | 2 B | 3 B | 4 A | 5 A | 6 B

PAGES 187-189 - Quelques termes spécifiques aux entretiens d'embauche
1 A | 2 B | 3 B | 4 B | 5 A | 6 A
1 B/C | 2 A | 3 D | 4 A/C/D | 5 B
1 C | 2 B | 3 A

PAGE 189 - Parler de son expérience et de ses compétences
1 B | 2 A | 3 A | 4 A

PAGES 189-190 - La différence entre **want** *car* et **omdat** *parce que*
1 A | 2 B | 3 A | 4 B

PAGE 190 - Les conjonctions de subordination
1 B | 2 A | 3 C | 4 B | 5 B | 6 A | 7 C | 8 A

PAGE 191 - L'entretien d'embauche
1 D | 2 C | 3 A | 4 B | 5 A | 6 C | 7 D

Vous avez obtenu entre 0 et 11 ? Oeps!
Vous avez obtenu entre 12 et 23 ? Iets te weinig ...
Vous avez obtenu entre 24 et 35 ? Niet slecht, maar ...
Vous avez obtenu entre 36 et 47 ? Heel goed.
Vous avez obtenu 48 et plus ? Uitstekend!

Focus Lexique de l'informatique (1)

Cochez la bonne traduction.

Corrigé page 205

1. le clavier
   - A het toetsenbord
   - B het klavier
2. la souris
   - A de glimlach
   - B de muis
3. l'arobase
   - A het apenstaartje
   - B het koppelteken
4. l'écran
   - A het beeldscherm
   - B het voorbeeld
5. la pièce jointe
   - A de voeg
   - B de bijlage
6. le message d'erreur
   - A de foutmelding
   - B de spelfout
7. la page d'accueil
   - A de bladwijzer
   - B de startpagina
8. la touche de suppression
   - A de delete-toets
   - B de enter-toets
9. la barre d'espace
   - A de ruimtetoets
   - B de spatiebalk

Focus Lexique de l'informatique (2)

Cochez la bonne traduction.

1. knippen
   - A coller
   - B couper
   - C copier
   - D tailler
2. wissen
   - A commenter
   - B espacer
   - C effacer
   - D savoir

3. plakken

A couper B prendre C faire D coller

4. dubbel-klikken

A double-cliquer B double-coller C doubler D cliquer

Focus Les mois de l'année

Corrigé page 205

Quelle est la bonne orthographe des mois ?

1. janvier

A Januari B januari C januarie

2. février

A februarie B Februari C februari

3. mars

A maart B maars C Maart

4. avril

A april B April C apriel

5. mai

A Mei B mij C mei

6. juin

A junie B juni C Juni

7. juillet

A Julie B juli C jullie

8. août

A augustus B Augustus C Augustes

9. septembre

A septembur B September C september

10. octobre

   (A) october (B) oktober (C) Oktobur

11. novembre

   (A) november (B) Novembur (C) Novembre

12. décembre

   (A) decembur (B) December (C) december

Focus Le féminin des noms de métier/fonction (1)

Corrigé page 205

Mettez les noms suivants au féminin.

1. de assistent *(l'assistant)*

   (A) de assistentin (B) de assistente

2. de redacteur *(le rédacteur)*

   (A) de redactrice (B) de redacteure

3. de zanger *(le chanteur)*

   (A) de zangeres (B) de zangerin

4. de boer *(le fermier)*

   (A) de boere (B) de boerin

5. de student *(l'étudiant)*

   (A) de studentin (B) de studente

6. de werknemer *(l'employé)*

   (A) de werkneemster (B) de werknemerin

7. de vriend *(l'ami)*

   (A) de vriendin (B) de vriende

8. de koning *(le roi)*

   (A) de koninge (B) de koningin

Module 21
BASIS

Astuce La plupart du temps le féminin des noms de métier/fonction se forme en ajoutant un **-e** au nom, notamment pour les noms d'origine étrangère avec l'accent tonique sur la dernière syllabe. Mais on rencontre également d'autres suffixes.

Focus Le féminin des noms de métier/fonction (2)

Corrigé page 205

Maintenant cochez la syllabe qui porte l'accent tonique.

1. assistente
   - A assis**ten**te
   - B **as**sistente
2. redactrice
   - A redac**tri**ce
   - B **re**dactrice
3. zangeres
   - A **zan**geres
   - B zange**res**
4. boerin
   - A **boe**rin
   - B boe**rin**
5. studente
   - A studen**te**
   - B stu**den**te
6. werkneemster
   - A **werk**neemster
   - B werkneem**ster**
7. vriendin
   - A vrien**din**
   - B **vrien**din
8. koningin
   - A **ko**ningin
   - B konin**gin**

Astuce Les suffixes **-in** et **-es** portent l'accent tonique.

Focus Les verbes de position

Corrigé page 205

Complétez avec le verbe qui convient.

1. De pennen en potloden ... in deze bureaula.

   (A) staan (B) zitten (C) liggen

2. De paperclips ... in dat doosje.

   (A) liggen (B) staan (C) zitten

3. De lamp ... aan de muur.

   (A) hangt (B) ligt (C) staat

4. De computer ... op het bureau.

   (A) zit (B) staat (C) hangt

5. De bal ... op de grond.

   (A) ligt (B) zit (C) hangt

6. Het papier ... in de kopieermachine.

   (A) staat (B) zit (C) ligt

7. De nietjes ... in de nietmachine.

   (A) zitten (B) liggen (C) staan

8. De auto ... voor de deur.

   (A) zit (B) ligt (C) staat

Astuce Rappelez-vous que **staan** *être debout* évoque la station debout de l'homme et la position verticale des objets ; **liggen** *être couché* évoque la position couchée de l'homme et de tous les objets ronds ou dont la position fonctionnelle est horizontale ; **zitten** *être assis* évoque la position assise de l'homme et est utilisé pour des objets dont la position est difficile à indiquer ou qui se trouvent dans un espace exigu. Le verbe **hangen** se traduit par *être suspendu*, *pendre*.

Module 21
BASIS

Focus Les verbes de modalité moeten *devoir*, *être nécessaire*, *être obligé* et hoeven *avoir besoin de*, *être obligé*

Corrigé page 205

Choisissez la bonne traduction.

1. Vous devez être la nouvelle assistante.

   (A) U moet de nieuwe assistente zijn.

   (B) U hoeft de nieuwe assistente zijn.

2. Ce n'est pas nécessaire de sauvegarder les e-mails.

   (A) Je moet de mails niet opslaan.

   (B) Je hoeft de mails niet op te slaan.

3. Vous n'avez plus besoin de venir.

   (A) Jullie moeten niet meer komen.

   (B) Jullie hoeven niet meer te komen.

4. Vous devez commencer tout de suite.

   (A) U moet nu meteen beginnen.

   (B) U hoeft niet meteen te beginnen.

Astuce Le verbe **moeten** exprime *une obligation, un devoir*. Le verbe **hoeven** est la plupart du temps accompagné d'une négation et exprime alors que ce n'est pas nécessaire de faire telle ou telle chose.

Focus L'adverbe pronominal er/daar *y*, *en* + un nombre

Répondez aux questions posées.

1. Staat er een printer op uw bureau?

   (A) Ja, er staat er één op uw bureau.

   (B) Ja, het staat er één op uw bureau.

2. Hoeveel dozen zijn er?

   (A) Er zijn het zes.

   (B) Er zijn er zes.

Corrigé page 205

3. Hoeveel toetsen ken je?
   - **A** Ik ken er tien.
   - **B** Ik ken tien er.

4. Liggen er enveloppen in de kast?
   - **A** Ja, ze liggen een paar in de kast.
   - **B** Ja, er liggen er een paar in de kast.

5. Staan er twee auto's voor de deur?
   - **A** Ja, daar staan er twee!
   - **B** Ja, daar liggen er twee!

Astuce Le pronom **er/daar** *y, en* - remplaçant le nom d'un objet et que vous avez vu en module 19 - s'utilise aussi avec un nombre : **ik ken er vijf** *j'en connais cinq*.

Focus Décrire certaines tâches réalisées au bureau

Complétez par le mot manquant adapté. Il peut y avoir plusieurs réponses possibles.

1. We proberen zo min mogelijk te ...
   - **A** opslaan. **B** printen. **C** vergissen. **D** geloven.
2. U moet de mails op een USB-stick ...
   - **A** bevinden. **B** wachten. **C** bestellen. **D** opslaan.
3. Ze hoeven geen papieren dossiers ...
   - **A** samen te stellen. **B** aannemen. **C** begrijpen. **D** te fotokopië-ren.
4. Weet je niet hoe je moet ... en ...?
   - **A** knippen - klikken **B** wissen - downloaden **C** knippen -plakken **D** knippen - scannen
5. Ik kan de ... niet vinden op dit toetsenbord.
   - **A** enter-toets **B** delete-toets **C** test **D** cursor

Astuce Notez l'orthographe de **(foto)kopiëren** *(photo)copier*.

Module 21
BASIS

Focus Les mots composés

Complétez le mot composé avec le terme qui convient.

Corrigé page 205

1. de ...clip *(le trombone)*

   (A) papier (B) paper (C) blad

2. de ...machine *(la photocopieuse)*

   (A) foto (B) kopie (C) kopieer

3. het ...band *(le ruban adhésif)*

   (A) plak (B) knip (C) auto

4. het inkt... *(la cartouche d'encre)*

   (A) patroon (B) tape (C) kaart

5. de ...benodigdheden *(les fournitures de bureau)*

   (A) bureau (B) kantoor (C) schrijf

Focus Au bureau

Choisissez la bonne traduction.

1. Nos bureaux se trouvent au premier étage.

   (A) Ons bureau is op de tweede verdieping.

   (B) Onze kantoren bevinden zich op de eerste verdieping.

2. En mai, nous commandons toutes les fournitures de bureau.

   (A) In mei bestellen we alle kantoorbenodigdheden.

   (B) In mei kopen we alle kantoorbenodigdheden.

3. Il suffit maintenant d'attendre le nouveau patron.

   (A) We moeten nu meteen wachten op de nieuwe baas.

   (B) Nu hoeven we alleen nog maar te wachten op de nieuwe baas.

4. Je crois que vous vous trompez : je suis la nouvelle patronne !

   (A) Ik geloof dat u zich vergist: ik ben de nieuwe bazin!

   (B) Ik denk dat u vergist zich: ik ben de nieuwe bazin!

Verbes

knippen	*couper*
plakken	*coller*
wissen	*effacer*
dubbelklikken	*double-cliquer*
opslaan	*sauvegarder*
printen	*imprimer*
(foto)kopiëren	*(photo)copier*
downloaden	*télécharger*
scannen	*numériser*

Noms

het toetsenbord	*le clavier*
de muis	*la souris*
het apenstaartje	*l'arobase*
het (beeld)scherm	*l'écran*
de bijlage	*la pièce jointe*
de foutmelding	*le message d'erreur*
de startpagina	*la page d'accueil*
de delete-toets	*la touche de suppression*
de enter-toets	*la touche « entrée »*
de spatiebalk	*la barre d'espace*
de cursor	*le curseur*
de USB-stick	*la clé USB*

Module 21
BASIS

Mois de l'année

januari (de)	*janvier*
februari (de)	*février*
maart (de)	*mars*
april (de)	*avril*
mei (de)	*mai*
juni (de)	*juin*
juli (de)	*juillet*
augustus (de)	*août*
september (de)	*septembre*
oktober (de)	*octobre*
november (de)	*novembre*
december (de)	*décembre*

Locutions/Phrases essentielles

Er zijn er ...	*Il y en a (+ nombre)*
Ons kantoor bevindt zich ...	*Notre bureau se trouve ...*
... dat u zich vergist.	*... que vous vous trompez.*

Module 21
CORRIGÉ

VOTRE SCORE :

Basis

PAGES 195-196 - Lexique de l'informatique
1 A 2 B 3 A 4 A 5 B 6 A 7 B 8 A 9 B
1 B 2 C 3 D 4 A

PAGES 196-197 - Les mois de l'année
1 B 2 C 3 A 4 A 5 C 6 B 7 B 8 A 9 C 10 B 11 A 12 C

PAGES 197-198 - Le féminin des noms de métier/fonction
1 B 2 A 3 A 4 B 5 B 6 A 7 A 8 B
1 A 2 A 3 B 4 B 5 B 6 A 7 A 8 B

PAGE 199 - Les verbes de position
1 C 2 C 3 A 4 B 5 A 6 B 7 A 8 C

PAGE 200 - Les verbes de modalité **moeten** *devoir, être nécessaire, être obligé* et **hoeven** *avoir besoin de, être obligé*
1 A 2 B 3 B 4 A

PAGES 200-201 - L'adverbe pronominal **er/daar** *y, en* + un nombre
1 A 2 B 3 A 4 B 5 A

PAGE 201 - Décrire certaines tâches réalisées au bureau
1 B 2 D 3 A/D 4 C 5 A/B

PAGE 202 - Les mots composés
1 B 2 C 3 A 4 A 5 B

PAGE 202 - Au bureau
1 B 2 A 3 B 4 A

Vous avez obtenu entre 0 et 11 ? Oeps!
Vous avez obtenu entre 12 et 27 ? Iets te weinig ...
Vous avez obtenu entre 28 et 43 ? Niet slecht, maar ...
Vous avez obtenu entre 44 et 59 ? Heel goed.
Vous avez obtenu 60 et plus ? Uitstekend!

Module 22
BASIS

Focus Le diminutif (1)

Corrigé page 215

Choisissez la forme correcte du diminutif.

1. het gedicht *(le poème)*

   A het gedichpje B het gedichetje C het gedichtje D het gedichtkje

2. het lied *(la chanson)*

   A het liedje B het liedkje C het liedpje D het liedetje

3. het ijs *(la glace)*

   A het ijspje B het ijskje C het ijsetje D het ijsje

4. de koning *(le roi)*

   A het koningje B het koninkje C het koningetje D het koningpje

5. het spel *(le jeu)*

   A het spelletje B het spelpje C het speltje D het spelje

6. de mobiel *(le téléphone portable)*

   A het mobielpje B het mobielkje C het mobieltje D het mobielje

Astuce Pour former le diminutif, la plupart du temps il suffit d'ajouter la terminaison **-je** au nom. Mais on trouve aussi les terminaisons : **-tje**, **-etje**, **-kje** ou **-pje**. Le plus simple est d'apprendre au fur à mesure les formes rencontrées. Notez que le **g** disparait devant la terminaison **-kje** : **koninkje**.

Focus Le diminutif (2)

Indiquez si le diminutif sert à quantifier un nom de matière ou pas.

1. Ze nemen twee ijsjes.

   A oui B non

2. Wat een schattige kleine hondjes!

   A oui B non

3. Ze leest een leuk sinterklaasgedichtje voor.

   A oui B non

4. Willen jullie een biertje?

A oui B non

Astuce Le diminutif sert à exprimer une affinité, à rendre une demande plus modeste, à minimiser les choses ou à faire référence à la petite taille. Il sert aussi à quantifier un nom de matière, ce qui permet de le compter et de l'utiliser au pluriel.

Corrigé page 215

Focus La fête de la Saint-Nicolas

Complétez par le mot manquant adapté. Il peut y avoir plusieurs réponses possibles.

1. Ha, eindelijk ...! *(la Saint-Nicolas)*

A verjaardag B pakjesavond C Sinterklaas

2. O, ... 's kijken! Er ... zoveel pakjes voor de deur!

A kom - staan B ga - nemen C blijf - maken

3. Je moet eerst het ... voorlezen en een sinterklaasliedje ...

A idee - doen. B gedichtje - zingen. C spelletje - denken.

4. Dank je wel ...! *(saint Nicolas)*

A Sint B Kerstman C Sinterklaas

5. Alle kinderen mogen vanavond hun ... voor de ... zetten.

A schoen - schoorsteen B vuurwerk - deur C sok - boom

6. Ik ga een leuke ... maken voor sinterklaasavond *(cadeau surprise)*.

A cadeau B surprise C spel

Astuce Les Néerlandais fêtent la Saint-Nicolas la veille du 6 décembre. Ce soir-là, ils chantent de nombreuses chansons de saint Nicolas et s'offrent des présents, accompagnés de petits poèmes humoristiques et de cadeaux ludiques **de surprise** *le cadeau surprise*, souvent faits à la main et en rapport avec le vrai cadeau.

Module 22
BASIS

Focus Les adjectifs composés

Corrigé page 215

Complétez l'adjectif composé avec le terme qui convient.

1. ijs... *(très froid, froid comme de la glace)*

   (A) blokje (B) koud

2. dood... *(sans aucun bruit, un silence de mort)*

   (A) lawaai (B) stil

3. dol... *(fou de joie)*

   (A) blij (B) gek

4. ...duur *(hors de prix)*

   (A) peper (B) prijs

Focus Le pronom het *il, elle*

Choisissez la bonne traduction.

1. Staat het biertje op tafel? Ja, het staat op tafel.

   (A) La bière se trouve sur la table ? Oui, il y en a deux sur la table.

   (B) La bière se trouve sur la table ? Oui, elle se trouve sur la table.

2. Het is koud.

   (A) Il fait froid.

   (B) J'ai froid.

3. Het is vijf graden onder nul.

   (A) Il est cinq heures.

   (B) Il fait moins cinq.

4. Wim heeft het ijskoud.

   (A) Wim est glacé.

   (B) Wim a une glace froide.

5. José heeft het warm.

   (A) José a trop chaud.

   (B) José a chaud.

Corrigé page 215

Astuce Le pronom **het** réfère aux noms singuliers du genre neutre et s'utilise comme pronom impersonnel dans certaines expressions.

Focus Les adverbes heel et erg *très*

Choisissez la bonne traduction. Il peut y avoir plusieurs réponses possibles.

1. Il est extrêmement fatigué.

   (A) Hij is heel moe.

   (B) Hij is heel erg moe.

   (C) Hij is erg moe.

2. Il y en a beaucoup.

   (A) Het zijn er heel erg veel.

   (B) Het zijn er erg veel.

   (C) Het zijn er heel veel.

3. Elles sont très joyeuses.

   (A) Ze zijn heel vrolijk.

   (B) Ze zijn erg vrolijk.

   (C) Ze zijn heel erg vrolijk.

Astuce Les adverbes **heel** et **erg** signifient *très* ; **heel** peut également renforcer **erg**.

Module 22
BASIS

Focus Féliciter quelqu'un

Corrigé page 215

Complétez par les mots manquants adaptés.

1. Ik ben ... - Proficiat.

   A jaar. B jarig.

2. ... ... je verjaardag.

   A Hartelijk met B Gefeliciteerd met

3. We ... u een fijne verjaardag.

   A wensen B zeggen

Focus Offrir et remercier

Complétez par les mots manquants adaptés.

1. Alsjeblieft, je ... *(cadeau)*

   A cadeautje. B pakjesavond.

2. ... het maar ... *(ouvrir)*

   A Doe - op. B Maak - open.

3. O, een trui! Die ... goed ... m'n lange broek *(aller avec)*. Dank je wel.

   A past - bij B smaakt - met

4. ... je hem niet ...? *(mettre)* - Goed idee, want ik heb het koud.

   A Trek - aan B Maak - klaar

Focus Les différents cadeaux et fêtes

Trouvez l'intrus.

1. la montre - le livre - le ballon

   A de lange broek B de bal C het boek D het horloge

2. les lunettes - le pull - le jeu

   A het spel B de trui C de bril D de graad

3. le feu d'artifice - la cheminée - le (petit) soulier

A het vuur   B de schoorsteen   C het vuurwerk   D het schoentje

4. Bonne année - Bon anniversaire

A Gelukkig nieuwjaar   B Gefeliciteerd   C Gelukkig jaar   D Proficiat

5. la Saint-Nicolas - le réveillon de la Saint-Sylvestre - l'anniversaire

A Sinterklaas   B Kerstmis   C de oudejaars-avond   D de verjaar-dag

Focus Les mots composés

Corrigé page 215

Complétez le mot composé avec le terme qui convient.

1. de pakjes... *(la Saint-Nicolas)*

A dag   B feest   C avond

2. het ...liedje *(la chanson de saint Nicolas)*

A kerst   B sinterklaas   C kinder

3. het ...werk *(le feu d'artifice)*

A vuur   B brand   C stoplicht

4. het nieuw... *(le Nouvel an)*

A jarig   B verjaardag   C jaar

5. de schoor... *(la cheminée)*

A machine   B steen   C doos

Focus Les verbes à particule séparable

Cochez la phrase où la particule du verbe est bien placée.

1. voorlezen *(lire à haute voix)*

A Hij voorleest het gedichtje.

B Hij leest het gedichtje voor.

Module 22
BASIS

Corrigé page 215

2. opzetten *(mettre)*

A Ze zet haar bril op.

B Ze opzet haar bril.

3. openmaken *(ouvrir)*

A Openmaak het pakje maar!

B Maak het pakje maar open!

4. aantrekken *(mettre)*

A Trek je die nieuwe trui niet aan?

B Trek je aan die nieuwe trui niet?

Verbes

voorlezen	*lire à haute voix*
opzetten	*mettre (lunettes, chapeau)*
openmaken	*ouvrir*
aantrekken	*mettre (vêtement)*
zingen	*chanter*
wensen	*souhaiter*

Noms

het gedicht(je)	*le poème*
het lied(je)	*la chanson*
het pak(je)	*le paquet*
het cadeau(tje)	*le cadeau*
het spel(letje)	*le jeu*
de schoen/het schoentje	*le soulier*
de mobiel/het mobieltje	*le portable (téléphone)*
de verjaardag	*l'anniversaire*
de Sinterklaas/de Sint	*saint Nicolas*
de sinterklaas(avond), de pakjesavond	*la Saint-Nicolas (fête)*
de surprise	*le cadeau surprise*
de schoorsteen	*la cheminée*
Kerstmis (de)	*Noël*
de Kerstman	*le Père Noël*
de oudejaarsavond	*le réveillon de la Saint-Sylvestre*
het vuurwerk	*le feu d'artifice*
het Nieuwjaar	*le Nouvel An*

Module 22
WOORDENSCHAT

Adjectifs/Adverbes

eindelijk	*enfin, finalement*
eerst	*d'abord*
ijskoud	*glacé/e, froid/e comme la glace*
doodstil	*sans aucun bruit, un silence de mort*
dolblij	*fou/folle de joie*
peperduur	*hors de prix*
erg, heel	*très*
erg veel/heel veel	*beaucoup*
heel erg	*vraiment, extrêmement*
heel erg veel	*vraiment beaucoup, énormément*
fijn	*bon/ne, agréable*

Locutions/Phrases essentielles

op tafel staan	*être sur la table*
het is koud/warm	*il fait froid/chaud*
het koud/warm hebben	*avoir froid/chaud*
het is ... graden onder nul	*il fait moins ...*
jarig zijn	*avoir son anniversaire*
gefeliciteerd/proficiat	*félicitations*
gefeliciteerd/proficiat (met je verjaardag)	*joyeux/bon anniversaire*
goed passen bij	*aller bien avec*
gelukkig nieuwjaar	*bonne année*

Module 22
CORRIGÉ

VOTRE SCORE :

Basis

PAGES 206-207 - Le diminutif
1 C 2 A 3 D 4 B 5 A 6 C
1 A 2 B 3 B 4 A

PAGE 207 - La fête de Saint-Nicolas
1 B/C 2 A 3 B 4 A/C 5 A 6 B

PAGE 208 - Les adjectifs composés
1 B 2 B 3 A 4 A

PAGES 208-209 - Le pronom **het** *il, elle*
1 B 2 A 3 B 4 A 5 B

PAGE 209 - Les adverbes **heel** et **erg** *très*
1 B 2 B/C 3 A/B

PAGE 210 - Féliciter quelqu'un
1 B 2 B 3 A

PAGE 210 - Offrir et remercier
1 A 2 B 3 A 4 A

PAGES 210-211 - Les différents cadeaux et fêtes
1 A 2 D 3 A 4 C 5 B

PAGE 211 - Les mots composés
1 C 2 B 3 A 4 C 5 B

PAGES 211-212 - Les verbes à particule séparable
1 B 2 A 3 B 4 A

Vous avez obtenu entre 0 et 9 ? Oeps!
Vous avez obtenu entre 10 et 19 ? Iets te weinig ...
Vous avez obtenu entre 20 et 29 ? Niet slecht, maar ...
Vous avez obtenu entre 30 et 39 ? Heel goed.
Vous avez obtenu 40 et plus ? Uitstekend!

Module 23
BASIS

Focus Savoir désigner différents sports

Corrigé page 225

Trouvez l'intrus.

1. le football - le fitness - la natation

   (A) het zwemmen (B) het vissen (C) het voetbal (D) de fitness

2. l'athlétisme - la gymnastique - le golf

   (A) het tennis (B) het golf (C) de gymnastiek (D) de atletiek

3. la pêche - l'équitation - le volley-ball

   (A) het vissen (B) het volleybal (C) het paardrijden (D) het hockey

Focus Savoir désigner différents instruments de musique

Choisissez la bonne traduction.

1. la trompette

   (A) de klarinet (B) de trompet (C) de slurf

2. la batterie

   (A) de piano (B) de drummer (C) het drumstel

3. la guitare

   (A) de gitarist (B) de gitaar (C) de viool

4. la flûte

   (A) de fluit (B) de mondharmonica (C) de saxofoon

Focus Le comparatif d'infériorité / de supériorité

Choisissez la bonne formulation.

1. Piano spelen is ... gitaar spelen.

   (A) leuk als (B) leuker dan

2. Zij is ... ik.

   (A) groot als (B) groter dan

3. Deze glazen zijn ... die daar.

   A schoner dan — B schoon dan

4. Fitness is ... gymnastiek.

   A gezonder dan — B gezond als

Corrigé page 225

5. Hij vindt niets ... luisteren naar muziek.

   A saai als — B saaier dan

Astuce Après un comparatif d'infériorité ou de supériorité, utilisez la conjonction **dan** *que*.

Focus Le comparatif d'égalité

Choisissez la bonne formulation. Il peut y avoir plusieurs réponses possibles.

1. Piano spelen is ... gitaar spelen.

   A net zo leuk als — B niet zo leuk dan

2. Zij is ... ik.

   A even groot als — B even groter dan

3. Deze glazen zijn ... die daar.

   A niet zo kleiner dan — B niet zo schoon als

4. Fitness is ... gymnastiek.

   A even gezond als — B net zo gezond als

Astuce Après un comparatif d'égalité, utilisez la conjonction **als** *que*. Notez que *aussi* peut être traduit par **net zo** ou **even zo**. La négation est **niet zo** *ne pas aussi*.

Focus Le superlatif

Choisissez la bonne forme du superlatif.

1. Wanneer is het ... dag van het jaar?

   A kortste — B de kortste — C meest kortste

2. ... haring vind je op de markt.

(A) De verste (B) Het verste (C) Meest verse

3. Wat is ... dorp van Nederland?

(A) de mooist (B) het mooist (C) het mooiste

4. Wat is je ... herinnering?

(A) de vroegste (B) vroegste (C) het vroegste

5. Voor mij zijn vrijheid en reizen ...

(A) het belangrijkst. (B) het belangrijks. (C) de belangrijkst.

Focus Le comparatif et le superlatif (formes irrégulières)

Corrigé page 225

Choisissez la bonne formulation.

1. Ze drinken ... wijn bij het eten.

(A) het liever (B) het liefst (C) het graag

2. Wat is eigenlijk ... grap ter wereld?

(A) de betere (B) goedste (C) de beste

3. Dat is ... geluk ... wijsheid!

(A) meer - dan (B) veel - dan (C) meest - als

4. Hij heeft ... pijn ... gisteren.

(A) minst - dan (B) minder - dan (C) veel - als

Astuce Notez les formes irrégulières du comparatif et superlatif des adjectifs suivants : **goed - beter - best ; graag - liever - liefst ; veel - meer - meest ; weinig - minder - minst.**

Focus Exprimer des séquences (1)

Choisissez la bonne traduction. Il peut y avoir plusieurs réponses possibles.

1. au début

(A) in het begin (B) ten eerste (C) aan het begin

2. enfin

   (A) ten tweede (B) ten slotte (C) tot slot

3. au milieu

   (A) in het midden (B) halverwege (C) vervolgens

4. d'abord

   (A) vervolgens (B) dan (C) eerst

Corrigé page 225

Focus Exprimer des séquences (2)

Pour chaque texte, cochez la version où la chronologie est cohérente.

1.

(A) In het midden van de morgen ga ik naar het voetbal, vervolgens breng ik Annette naar paardrijden en aan het begin van de ochtend ga ik weer terug naar het voetbalveld.

(B) In het begin van de morgen ga ik naar het voetbal, halverwege de ochtend breng ik Annette naar paardrijden en aan het einde ga ik weer terug naar het voetbalveld.

(C) Ten slotte ga ik naar het voetbal, ten tweede breng ik Annette naar paardrijden en dan ga ik weer terug naar het voetbal-veld.

2.

(A) Jacqueline gaat eerst piano spelen, dan gaat ze naar gitaarles en aan het einde van de middag speelt ze nog wat klarinet.

(B) Jacqueline gaat halverwege de middag piano spelen, dan gaat ze naar gitaarles en aan het begin van de middag speelt ze nog wat klarinet.

(C) Jacqueline gaat tot slot piano spelen, halverwege de middag gaat ze naar gitaarles en ten eerste speelt ze nog wat klarinet.

Module 23
BASIS

Focus Le participe présent

Corrigé page 225

Complétez par le mot manquant adapté.

1. Paulien komt het kantoor ... binnen.
   - A lachen
   - B lach
   - C lachend
   - D lacht
2. Iedereen heeft een ... hand nodig.
   - A helpende
   - B helpen
   - C helpend
   - D help
3. Erna durft niet op een ... trein te springen.
   - A rijden
   - B rijdend
   - C rijdt
   - D rijdende
4. We gaan ... naar de stad.
   - A lopend
   - B loop
   - C loopen
   - D te loop

Astuce Le participe présent se forme en ajoutant un **-d** à l'infinitif du verbe.

Focus Le gérondif

Choisissez la traduction la plus adaptée/probable.

1. En le regardant bien, tu le comprendras.
   - A Al goed kijkend, zul je het begrijpen.
   - B Als je goed naar hem kijkt, zul je het begrijpen.
2. En faisant du sport, tu perds de la graisse.
   - A Door te sporten verlies je vet.
   - B Al sportend verlies je veel vet.
3. Elle marche en chantant.
   - A Ze loopt te zingen.
   - B Ze loopt zingend.

4. Je me distrais plus en écoutant de la musique.

   (A) Ik vermaak me meer luisterend naar de muziek.

   (B) Ik vermaak me meer met het luisteren naar muziek.

5. Ils quittent la pièce en toussant.

   (A) Ze lopen hoestend de kamer uit.

   (B) Ze hoesten lopend de kamer uit.

Astuce Bien que le gérondif formé à l'aide d'un participe présent existe en néerlandais, il est plus fréquent de l'exprimer en utilisant une paraphrase.

Focus Les mots composés

Corrigé page 225

Formez des mots composés avec les éléments donnés.

1. de kamer - de woning - twee

   (A) de tweekamerwoning (B) de woningtweekamers

2. roken - de worst

   (A) de worstroken (B) de rookworst

3. het programma - de televisie

   (A) het televisieprogramma (B) de programmatelevisie

4. de avond - het jaar - oud

   (A) het oudeavondjaar (B) de oudejaarsavond

Focus Parler de son temps libre et de ses loisirs

Choisissez la bonne traduction.

1. Que fais-tu pendant ta journée de congé demain ?

   (A) Wat maak jij op je vrije dag morgen?

   (B) Wat doe jij op je vrije dag morgen?

Corrigé page 225

2. J'aime faire du sport et lire.

   A Ik houd van sporten en lezen.

   B Ik houd van sport en lees.

3. Il n'y a rien de plus amusant que de jouer d'un instrument.

   A Ik vind niks leuker dan een instrument bespelen.

   B Ik vind een instrument bespelen heel leuk.

4. En début de matinée, je vais faire du foot.

   A 's Ochtends ga ik voetballen.

   B In het begin van de morgen ga ik voetballen.

5. Elle fait d'abord une promenade dans le parc et après elle va à la piscine.

   A Ze maakt eerst een wandeling in het park en daarna gaat ze naar het zwembad.

   B Ze doet eerst een wandeling in het park en daarna gaat ze zwemmen.

Focus Exprimer son (dés)accord

Complétez par les mots manquants adaptés.

1. Sporten is beter voor je gezondheid dan op de bank zitten. - Dat ben ik ... je ...

   A met - akkoord. B met - eens.

2. Heen en weer lopen op de voetbaltribune is vermoeiend. - Ik ben het ... met je ...

   A niet - eens. B niet - een keer.

Module 23
WOORDENSCHAT

Verbes

spelen	*jouer*
rijden	*rouler, conduire*
springen	*sauter*
sporten	*faire du sport*
voetballen	*faire du foot*

Noms

het zwemmen	*la natation*
het vissen	*la pêche*
het voetbal	*le football*
de atletiek	*l'athlétisme*
het paardrijden	*l'équitation*
de klarinet	*la clarinette*
de trompet	*la trompette*
het drumstel	*la batterie*
de gitaar	*la guitare*
de viool	*le violon*
de fluit	*la flûte*
de mondharmonica	*l'harmonica*
de saxofoon	*le saxophone*
de herinnering	*le souvenir*
de vrijheid	*la liberté*
de grap	*la blague*
het geluk	*la chance, le bonheur*
de wijsheid	*la sagesse*

Module 23
WOORDENSCHAT

Locutions/Phrases essentielles

een instrument bespelen	*jouer d'un instrument*
ter wereld	*du monde, sur terre*
in/aan het begin	*au début*
in het midden/halverwege	*au milieu*
aan het einde	*à la fin*
eerst, dan, vervolgens	*d'abord, puis, ensuite*
tot slot	*enfin, pour conclure*
ten eerste, ten tweede	*premièrement, deuxièmement*
ten slotte	*enfin, finalement*
lachend	*en riant*
een helpende hand	*un coup de main*
een rijdende trein	*un train en marche*
heen en weer	*aller(s)-retour(s)*
het (niet) eens zijn met ...	*(ne pas) être d'accord avec ...*

Module 23
CORRIGÉ

VOTRE SCORE :

Basis

PAGE 216 - Savoir désigner différents sports
1 B | 2 A | 3 D

PAGE 216 - Savoir désigner différents instruments de musique
1 B | 2 C | 3 B | 4 A

PAGES 216-217 - Le comparatif d'infériorité / de supériorité
1 B | 2 B | 3 A | 4 A | 5 B

PAGE 217 - Le comparatif d'égalité
1 A | 2 A | 3 B | 4 A/B

PAGES 217-218 - Le superlatif
1 B | 2 A | 3 C | 4 B | 5 A

PAGE 218 - Le comparatif et le superlatif (formes irrégulières)
1 B | 2 C | 3 A | 4 B

PAGES 218-219 - Exprimer des séquences
1 A/C | 2 B/C | 3 A/B | 4 C
1 B | 2 A

PAGE 220 - Le participe présent
1 C | 2 A | 3 D | 4 A

PAGES 220-221 - Le gérondif
1 B | 2 A | 3 A | 4 B | 5 A

PAGE 221 - Les mots composés
1 A | 2 B | 3 A | 4 B

PAGES 221-222 - Parler de son temps libre et de ses loisirs
1 B | 2 A | 3 A | 4 B | 5 A

PAGE 222 - Exprimer son (dés)accord
1 B | 2 A

Vous avez obtenu entre 0 et 9 ? Oeps!
Vous avez obtenu entre 10 et 19 ? Iets te weinig ...
Vous avez obtenu entre 20 et 29 ? Niet slecht, maar ...
Vous avez obtenu entre 30 et 40 ? Heel goed.
Vous avez obtenu 41 et plus ? Uitstekend!

Module 24
BASIS

Focus Les verbes pronominaux (1)

Complétez avec le verbe pronominal qui convient.

Corrigé page 234

1. Ik ... me. *Je m'amuse.*

   A maak B vermaak C vergis

2. Hij ... het zich af. *Il se le demande.*

   A bevindt B amuseert C vraagt

3. Ze is zich ervan ... *Elle en a conscience.*

   A bewust. B bekend. C beseft.

4. We ... ons. *Nous nous énervons.*

   A vergissen B ergeren C wassen

Focus Les verbes pronominaux (2)

Choisissez la bonne traduction.

1. se marier

   A trouwen B zich trouwen

2. avoir honte

   A zich schamen B schaam hebben

3. être conscient

   A bewusteloos zijn B zich bewust zijn

4. se réveiller

   A zich wakkeren B wakker worden

5. s'appeler

   A heten B zich heten

Focus Les pronoms réfléchis

Complétez avec le pronom réfléchi qui convient. Il peut y avoir plusieurs réponses possibles.

Corrigé page 234

1. Ik erger ... echt aan die man.

   A me B zich C mij D je

2. Hij vraagt ... af of die kledingwinkel al open is.

   A je B ons C me D zich

3. Wij amuseren ... prima.

   A ons B mij C zich D je

4. Ze schamen ... niet.

   A u B zich C je D ons

5. Je bevindt ... nu vlak bij het dorp.

   A zich B je C me D u

6. Jullie zijn ... bewust van de gevaren?

   A mij B zich C u D je

7. U hebt ... vergist.

   A u B me C ons D je

8. Vermaakt u ... wel?

   A ons B mij C zich D je

9. Kun je ...zelf kort voorstellen? *(toi-même)*

   A ons B je C me D zich

Astuce À la 1re forme du singulier, il est possible d'utiliser **me** ou **mij**. À la forme de politesse, il existe deux formes **u** et **zich**. Pour éviter la juxtaposition du pronom personnel **u** et du pronom réfléchi **u**, optez pour la forme **zich** : **amuseert u zich?**

Module 24
BASIS

Focus Le pronom réfléchi et réciproque

Corrigé page 234

Choisissez le pronom adapté.

1. Ze houden van ... *Ils s'aiment les uns les autres.*

   A zich. B elkaar.

2. Ze wassen ... *Ils se lavent eux-mêmes.*

   A zichzelf. B elkaar.

3. Ze kennen ... al tien jaar. *Ils se connaissent depuis dix ans.*

   A zich B elkaar

4. Herinnert u ... die foto? *Vous rappelez-vous cette photo ?*

   A zich B elkaar

Focus Demander des tailles et des pointures

Choisissez le mot manquant adapté.

1. Heeft u deze jurk in ... 40? *(taille)*

   A vorm B maat

2. Ik zoek laarsjes met hoge hakken, ... 36. *(pointure)*

   A maat B grootte

3. Heeft u deze handschoenen geen ... groter? *(taille)*

   A maatje B middel

4. Ik wil deze schoenen graag passen in een halve ... kleiner. *(pointure)*

   A punt B maat

Focus Lexique de la garde-robe

Trouvez l'intrus.

1. la chemise - la jupe - la cravate

   A de rok C de bloes

   B de stropdas D de jurk

2. les vêtements - le manteau - la bottine

A het laarsje
C de kleding
B de sok
D de jas

3. le caleçon - le bas - le foulard

A de beha
C de onderbroek
B de kous
D de sjaal

4. le maillot de corps - la chemise - la chaussette

A de sok
C de korte broek
B het hemd
D het overhemd

Focus Les mots composés

Corrigé page 234

Complétez le mot composé avec le terme qui convient.

1. de ...winkel *(le magasin de prêt-à-porter)*

A kaas
B mode
C fruit

2. de ...salon *(le salon de coiffure)*

A kap
B kapper
C kapsel

3. de super... *(le supermarché)*

A koop
B maart
C markt

4. de ...winkel *(la boutique de vêtements)*

A leger
B kleding
C vlees

Focus Faire du shopping (1)

Complétez par les mots manquants adaptés.

1. Ik ga ... ... kopen. *(de nouveaux vêtements)*

A nieuwe laarsjes
B nieuwe kleren

2. Er zit een ... in het centrum. *(magasin de chaussures)*

A schoenenwinkel
B kaaswinkel

3. O, je bedoelt die supermarkt bij de ... *(coiffeur)*.

   (A) kapper (B) kaper

4. Die ... is volgens mij gesloten. *(boutique)*

   (A) markt (B) boetiek

5. Ik heb zin om te gaan ... *(faire du shopping)*.

   (A) winkelen (B) boodschappen

Focus Faire du shopping (2)

Corrigé page 234

Choisissez la bonne traduction.

1. Avez-vous cette robe en taille 38 ?

   (A) Heeft u deze rok in maat 38?

   (B) Heeft u deze jurk in maat 38?

   (C) Heeft u deze jas in maat 38?

2. Bien sûr, voulez-vous l'essayer ? *(la robe)*

   (A) Jazeker, wilt u hem proeven?

   (B) Jazeker, wilt u het uittesten?

   (C) Jazeker, wilt u hem passen?

3. Ce manteau est très joli. Je jette un regard dans le miroir.

   (A) Deze jas is bijzonder mooi. Even in de spiegel kijken.

   (B) Deze jas is wel mooi. Even in de spiegel zien.

   (C) Deze jas is bijzonder. Ik gooi een blik in de spiegel.

4. C'est un modèle assez simple et il vous va bien.

   (A) Het is een tamelijk eenvoudig model en het staat u goed.

   (B) Het is nogal eenvoudig maar het staat u goed.

   (C) Het model is tamelijk simpel en het gaat u goed.

5. Il se porte avec tout.

   A U kunt haar goed dragen.

   B U kunt het allemaal dragen.

   C U kunt hem overal bij dragen.

6. Je vois qu'il est soldé.

   A Ik zie dat hij niet in de uitverkoop is.

   B Ik zie dat hij is afgeprijsd.

   C Ik zie dat hij te duur is.

Focus Faire du shopping (3)

Corrigé page 234

Choisissez la bonne préposition.

1. Is die winkel ... de buurt ... de bank al open? *(près de)*

   A aan - van | B in - van | C bij - in

2. Je bedoelt die ... de bakker? *(près de)*

   A op | B tegen | C bij

3. Ik wil graag laarzen ... hoge hakken.

   A met | B van | C tot

4. Er zit een gaatje ... *(Il est troué)*

   A voor. | B in. | C achter.

5. Je kunt deze kleur overal ... dragen.

   A bij | B in | C met

Module 24
WOORDENSCHAT

Verbes

zich afvragen of	*se demander si*
zich bewust zijn	*être conscient/e*
zich ergeren	*s'irriter, s'énerver*
zich schamen	*avoir honte*
zich herinneren	*se rappeler*
trouwen	*se marier*
wakker worden	*se réveiller*
passen	*essayer (vêtement)*
winkelen	*faire du shopping*
uittesten	*tester, essayer*
gooien	*jeter*

Pronoms réfléchis

me, mij	*me*
je	*te (tutoiement)*
u, zich	*se (vouvoiement)*
zich	*se*
ons	*nous*
je	*vous*
zich	*se*

Pronom réciproque

elkaar	*se, l'un l'autre, les uns les autres*

Noms

de kleding, de kleren	*les vêtements*
de maat	*la taille, la pointure*
de jurk	*la robe*
de laars	*la botte*

de handschoen	*le gant*
de schoen	*la chaussure*
de rok	*la jupe*
de bloes	*le chemisier, la chemise (pour femmes)*
de stropdas	*la cravate*
de sok	*la chaussette*
de jas	*le manteau*
de bustehouder / de beha	*le soutien-gorge*
de kous	*le bas*
de onderbroek	*la culotte, le caleçon*
de sjaal	*le foulard, l'écharpe*
het hemd	*le maillot de corps*
het overhemd	*le chemisier, la chemise (pour hommes)*
de korte broek, de short	*le short*
de modewinkel	*le magasin de prêt-à-porter*
de kapsalon	*le salon de coiffure*
de kapper	*le coiffeur, le salon de coiffure*

Adjectifs/Adverbes

bijzonder	*très*
tamelijk, nogal	*assez*
eenvoudig	*simple*

Locutions/Phrases essentielles

met hoge hakken	*à talons hauts*
U kunt hem overal bij dragen.	*Il se porte avec tout (partout).*
goed staan	*bien aller*
afgeprijsd zijn	*être soldé/e*
in de uitverkoop zijn	*être en promotion, en soldes*
in de buurt van	*près de, dans les environs*

Module 24
CORRIGÉ

VOTRE SCORE :

Basis

PAGE 226 - Les verbes pronominaux

1 B | 2 C | 3 A | 4 B

1 A | 2 A | 3 B | 4 B | 5 A

PAGE 227 - Les pronoms réfléchis

1 A/C | 2 D | 3 A | 4 B | 5 B | 6 D | 7 A | 8 C | 9 B

PAGE 228 - Le pronom réfléchi et réciproque

1 B | 2 A | 3 B | 4 A

PAGE 228 - Demander des tailles et des pointures

1 B | 2 A | 3 A | 4 B

PAGE 228-229 - Lexique de la garde-robe

1 D | 2 B | 3 A | 4 C

PAGE 229 - Les mots composés

1 B | 2 A | 3 C | 4 B

PAGE 229-231 - Faire du shopping

1 B | 2 A | 3 A | 4 B | 5 A

1 B | 2 C | 3 A | 4 A | 5 C | 6 B

1 B | 2 C | 3 A | 4 B | 5 A

Vous avez obtenu entre 0 et 9 ? Oeps!
Vous avez obtenu entre 10 et 19 ? Iets te weinig ...
Vous avez obtenu entre 20 et 29 ? Niet slecht, maar ...
Vous avez obtenu entre 30 et 39 ? Heel goed.
Vous avez obtenu 40 et plus ? Uitstekend!

Focus Utiliser quelques termes spécifiques aux repas (1)

Corrigé page 242

Cochez la bonne traduction.

1. la pâte d'arachide

   (A) de pindakaas (B) de pindaboter

2. des vermicelles de chocolat

   (A) de chocoladepasta (B) de hagelslag

3. le petit-déjeuner

   (A) de kleine lunch (B) het ontbijt

4. le déjeuner

   (A) de middagpauze (B) het middageten

5. le dîner

   (A) het avondeten (B) de brunch

Focus Utiliser quelques termes spécifiques aux repas (2)

Choisissez le mot manquant correct. Il peut y avoir plusieurs réponses possibles.

1. Wil je brood met pindakaas of hagelslag bij het ...?

   (A) brunch (B) dineren (C) lunch (D) ontbijt

2. Het ... betekent hetzelfde als het diner.

   (A) avondeten (B) soep (C) ontbijten (D) café

3. Er zijn boterhammen met kaas voor het ...

   (A) middageten. (B) lunchen. (C) boterham. (D) ontbijt.

4. Zullen we eerst gaan ... of gaan joggen?

   (A) brunch (B) ontbijten (C) lunchen (D) melk

5. Op die horecaboot kun je verrukkelijk ...

   (A) ontbijtkoek. (B) brood. (C) lunchen. (D) brunchen.

Astuce Le nom **de horeca** est un acronyme des mots **hotel**, **restaurant** et **café**.

Module 25
BASIS

Focus Les pronoms relatifs die et dat *que*, *qui*

Corrigé page 242

Choisissez le bon pronom relatif.

1. De man ... *(l'homme qui)*

   A die　　B dat

2. De boot ... *(le bateau qui)*

   A die　　B dat

3. Het huis ... *(la maison que)*

   A die　　B dat

4. De jassen ... *(les manteaux que)*

   A die　　B dat

Astuce Le pronom relatif **die** réfère à un nom singulier du genre commun et au pluriel et **dat** au genre neutre.

Focus Les pronoms démonstratifs die *il/s*, *elle/s* et dat *il*, *elle*

Choisissez les phrases avec le bon pronom démonstratif.

1. het museum →

   A Die is nu gesloten.

   B Dat is nu gesloten.

2. onze kinderen →

   A Die wonen in Haarlem.

   B Dat wonen in Haarlem.

3. Peter →

   A Die staat op de lijst.

   B Dat staat op de lijst.

4. haar gezicht →

   (A) Die herinner ik me niet meer.

   (B) Dat herinner ik me niet meer.

5. de Noordzee →

   (A) Die is nogal koud.

   (B) Dat is nogal koud.

Astuce Le pronom personnel sujet est souvent remplacé par le pronom démonstratif **die** ou **dat** : **die** réfère à un nom singulier du genre commun et au pluriel et **dat** au genre neutre.

Focus Savoir décrire des événements dans le passé

Corrigé page 242

Choisissez la bonne traduction.

1. As-tu passé un bon week-end ? Et faisait-il beau ?

   (A) Heb je een prettig weekend gehad? En had je mooi weer?

   (B) Had je een prettige week gehad? En had je mooi weer?

2. Superbe, je suis allé à la plage.

   (A) Heerlijk, ik ben naar het zwembad geweest.

   (B) Heerlijk, ik ben naar het strand geweest.

3. Samedi, j'ai fait un tour en bateau.

   (A) Op zaterdag heb ik een boot gehuurd.

   (B) Op zaterdag heb ik een rondvaart gemaakt.

4. Hier, j'ai visité un musée.

   (A) Gisteren heb ik een museum bezocht.

   (B) Gisteren heb ik een museum gezien.

5. Il faisait assez froid, mais il n'a pas plu.

   (A) Het was nogal warm, maar het heeft geregend

   (B) Het was nogal koud, maar het heeft niet geregend.

Module 25
BASIS

Focus Savoir décrire ses projets de sorties

Corrigé page 242

Choisissez les mots manquants corrects.

1. ... weekend ga ik waarschijnlijk naar Terschelling.

   (A) Afgelopen (B) Volgend (C) Vorig

2. Het ... mooi weer, dus gaan we naar Zeeland.

   (A) word (B) worden (C) wordt

3. Wat ... jullie dit weekend ...? - We gaan naar één van de Waddeneilanden.

   (A) gaan - doen (B) willen - maken (C) gaan - weg

4. Morgen hebben we een ... We kunnen dan lekker een lang weekend weg.

   (A) vrije dag. (B) vrijdag. (C) vrije tijd.

Astuce L'île de **Terschelling** fait partie des cinq *îles des Wadden* **Waddeneilanden** néerlandaises entre *la mer du Nord* **de Noordzee** et *la mer des Wadden* **de Waddenzee**, au nord du pays.

Focus Les mots composés

Complétez le mot composé avec le terme qui convient.

1. de ...zee *(la mer du Nord)*

   (A) Wadden (B) Noord (C) Zuider

2. het Delta... *(le plan Delta)*

   (A) plan (B) plant (C) plannen

3. het Wadden... *(l'île des Wadden)*

   (A) ei (B) land (C) eiland

4. Fries... *(la Frise)*

   (A) land (B) provincie (C) lands

Astuce Après l'inondation catastrophique de 1953 d'une grande partie de la province **Zeeland** *Zélande*, *le plan Delta* **het Deltaplan** fut imaginé. Ce système de défense est composé de digues et de barrages.

Focus Demander la signification d'un mot et y répondre

Indiquez si l'ordre des mots est correct ou faux.

1. Horeca? Wat betekent dat?

   A correct B faux

2. Dat een afkorting is van de woorden 'hotel', 'restaurant' en 'café'.

   A correct B faux

3. Wat woord dat betekent?

   A correct B faux

4. Welk woord bedoel je?

   A correct B faux

Focus La prononciation des semi-diphtongues oi, aai et ooi

Corrigé page 242

Cochez la prononciation correspondant au nom donné.

1. mooi

   A [m] [o:] [i:] B [m] [o:] [y]

2. hoi

   A [H] [o] [y] B [H] [o:] [y]

3. saaie

   A [s] [a:] [i:] B [s] [a:] [y] [e]

Astuce La semi-diphtongue **oi** se prononce *oy* comme dans *cow-boy*. Les semi-diphtongues **aai** et **ooi** se prononcent de la même façon mais avec une voyelle longue.

Module 25
WOORDENSCHAT

Verbes

ontbijten	*prendre le petit-déjeuner*
brunchen	*déjeuner, bruncher*
lunchen	*déjeuner*
dineren	*dîner*
huren	*louer*
bezoeken	*visiter*
regenen	*pleuvoir*
betekenen	*signifier*
bedoelen	*vouloir dire*
worden	*devenir*

Pronoms relatifs

die	*que, qui*
dat	*que, qui*

Pronoms démonstratifs

die	*il/s, elle/s*
dat	*il, elle*

Noms

het ontbijt	*le petit-déjeuner*
de brunch	*le déjeuner, le brunch*
het middageten	*le déjeuner*
het avondeten, het diner	*le dîner*
de pindakaas	*la pâte d'arachide*
de hagelslag	*des vermicelles de chocolat*

de boterham	*la tartine*
de ontbijtkoek	*le pain d'épice*
de horeca (hotel restaurant café)	*hôtel restaurant café*
de afkorting	*l'abréviation, l'acronyme*
de boot	*le bateau*
de Noordzee	*la mer du Nord*
de Waddenzee	*la mer des Wadden*
de Waddeneilanden	*les îles des Wadden*
het wad	*le haut-fond, le gué*

Adjectifs/Adverbes

prettig	*agréable, bon/ne*
heerlijk	*superbe*
waarschijnlijk	*probablement, vraisemblablement*
verrukkelijk	*exquis/e*
volgend	*prochain/e*
vorig, afgelopen	*dernier/-ière (passé)*

Locutions/Phrases essentielles

een rondvaart maken	*faire un tour en bateau*
een museum bezoeken	*visiter un musée*
prettig weekend	*bon week-end*
Het wordt mooi weer.	*Il va faire beau.*

Module 25
CORRIGÉ

VOTRE SCORE :

Basis

PAGE 235 - Utiliser quelques termes spécifiques aux repas

1 A 2 B 3 B 4 B 5 A

1 D 2 A 3 A/D 4 B/C 5 C/D

PAGE 236 - Les pronoms relatifs **die** et **dat** *que, qui*

1 A 2 A 3 B 4 A

PAGES 236-237 - Les pronoms démonstratifs **die** *il/s, elle/s* et **dat** *il, elle*

1 B 2 A 3 A 4 B 5 A

PAGE 237 - Savoir décrire des événements dans le passé

1 A 2 B 3 B 4 A 5 B

PAGE 238 - Savoir décrire ses projets de sorties

1 B 2 C 3 A 4 A

PAGE 238 - Les mots composés

1 B 2 A 3 C 4 A

PAGE 239 - Demander la signification d'un mot et y répondre

1 A 2 B 3 B 4 A

PAGE 239 - La prononciation des semi-diphtongues **oi**, **aai** et **ooi**

1 B 2 A 3 B

Vous avez obtenu entre 0 et 7 ? Oeps!
Vous avez obtenu entre 8 et 15 ? Iets te weinig ...
Vous avez obtenu entre 16 et 23 ? Niet slecht, maar ...
Vous avez obtenu entre 24 et 31 ? Heel goed.
Vous avez obtenu 32 et plus ? Uitstekend!

Focus Les verbes bevallen *plaire*, vinden *trouver* et lijken *avoir l'air*, *paraître*

Corrigé page 251

Choisissez le verbe manquant correct.

1. Dat ... ik leuk.
   - A pas
   - B beval
   - C lijk
   - D vind
2. Dat ... me helemaal niet.
   - A bevalt
   - B geschikt
   - C vindt
   - D lijkt
3. Ze ... dat maar niks.
   - A lijken
   - B vinden
   - C bevallen
   - D passen
4. Dat ... me geen goed idee.
   - A vindt
   - B bevalt
   - C lijkt
   - D schijnt

Focus Lexique des différents types d'hébergement

Trouvez l'intrus.

1. le camping - la tente
   - A de tante
   - B de tent
   - C de camping
2. l'auberge de jeunesse - l'hôtel
   - A de jeugdherberg
   - B de camping
   - C het hotel
3. le village de vacances - la maison de vacances
   - A het vakantiehuisje
   - B het bungalowpark
   - C het appartement
4. le mobil-home - la caravane
   - A de villa
   - B de stacaravan
   - C de caravan

Module 26
BASIS

Focus La prononciation

Corrigé page 251

Cochez la prononciation correspondant au nom donné.

1. camping

Ⓐ [k] [a] [m] [p] [i:] [ŋ]   Ⓑ [k] [è] [m] [p] [ĭ] [ŋ]

2. kamperen

Ⓐ [k] [a] [m] [p] [e:] [r] [e] [n]   Ⓑ [k] [è] [m] [p] [e] [r] [e] [n]

3. caravan

Ⓐ [k] [a:] [r] [a:] [v] [a:] [n]   Ⓑ [k] [è] [r] [e] [v] [è] [n]

Astuce Le premier et dernier **a** de **caravan** se prononcent « à l'anglaise » avec un **e** court, tout comme le **a** de **camping**. Par contre, **kamperen** se prononce avec un **a** court.

Focus Le mode impersonnel

Choisissez la bonne traduction.

1. De nos jours, on prend facilement la voiture.

Ⓐ Tegenwoordig neem jij makkelijk de auto.

Ⓑ Tegenwoordig neemt men makkelijk de auto.

2. Le mieux c'est d'installer quelques « applis » de navigation.

Ⓐ Je kunt het beste een paar navigatie-apps installeren.

Ⓑ Men kan beter een paar navigatie-apps installeren.

3. Dans des situations dangereuses, il est difficile de rester calme.

Ⓐ In gevaarlijke situaties blijft men moeilijk kalm.

Ⓑ In gevaarlijke situaties blijf je makkelijk kalm.

4. C'est ce qui arrive, quand on ne fait pas attention.

Ⓐ Dit is nu wat er gebeurt, als jullie niet genoeg opletten.

Ⓑ Dit is wat er gebeurt, als je niet oplet.

Astuce En néerlandais, le pronom personnel **je** *tu* peut prendre le sens plus neutre de *on*. Ce dernier peut aussi se traduire par le pronom indéfini **men**, qui est considéré comme relativement formel.

Focus Les prépositions

Choisissez la bonne préposition. Il peut y avoir plusieurs réponses possibles.

Corrigé page 251

1. Hoe wil je reizen? ... de auto?
   A Op B Met C Aan
2. Ik reis het liefst ... het vliegtuig.
   A per B op C met
3. Gaan jullie ... de fiets of de brommer?
   A met B aan C op
4. We gaan ... de tram naar huis.
   A op B met C aan
5. Vorig jaar had ik een leuke plek ... een camping.
   A door B tegen C op
6. Je komt ... mooie stadjes.
   A langs B op C door
7. Wat dacht je ... een fietsvakantie?
   A aan B van C met
8. Het is een leuk dorpje ... gezellige straatjes.
   A met B van C langs

Astuce Les prépositions **op** *sur* et **met** *avec* s'emploient pour les moyens de transport sur lesquels on est assis. On emploie uniquement la préposition **met** pour les moyens de transport dans lesquels on est assis.

Module 26
BASIS

Focus Les verbes à particule séparable

Complétez par la particule séparable correcte.

Corrigé page 251

1. Met de fiets kan ik ...stappen waar ik wil.

   A af — B uit

2. Met de auto kun je niet midden op de weg ...stappen.

   A af — B uit

3. Motorrijden is meer dan ...stappen en wegrijden.

   A op — B in

4. In deze bus moet je voorin ...stappen.

   A op — B in

Astuce Notez la traduction des verbes *monter* et *descendre* en fonction des différents moyens de transport : **fiets**, **motor** etc. → **opstappen** *monter (sur)* / **afstappen** *descendre* ; **auto**, **vliegtuig** etc. → **instappen** *monter (dans)* / **uitstappen** *descendre*.

Focus Lexique autour de la gestion de l'eau

Choisissez la bonne traduction. Il peut y avoir plusieurs réponses possibles.

1. le barrage

   A de dijk — C de dam
   B de haven — D het meer

2. le canal

   A het kanaal — C de zee
   B de polder — D de gracht

3. le lac

   A de zee — C het water
   B het meer — D de sloot

4. le pont-levis, le pont à bascule

   A de spoorwegbrug
   C de waterkering
   B het waterschap
   D de ophaalbrug

Corrigé page 251

Focus La structure wat voor soort? *quel type/genre de ?*

Choisissez la bonne traduction.

1. Naar wat voor soort vakantieaccommodatie gaat je voorkeur uit?
   A Quel type d'hébergement préfères-tu ?
   B Quel type d'appartement choisis-tu ?
2. Van wat voor soort muziek houden jullie?
   A Quel genre de musique jouez-vous ?
   B Quel genre de musique aimez-vous ?
3. Wat voor soort manager is hij?
   A Quel type de manager est-il ?
   B Quel type de manager préfère-t-il ?
4. Aan wat voor soort rondreis denk je?
   A À quel type de circuit penses-tu ?
   B Quel type de circuit souhaites-tu ?

Focus Poser des questions et répondre au sujet de l'organisation d'un voyage (1)

Choisissez le mot manquant correct. Il peut y avoir plusieurs réponses possibles.

1. Kunt u mij ... geven over een rondreis voor in de maand mei?
   A informatie B formatie C inlichtingen D lichten
2. Ik zou ditmaal graag ergens ... naartoe willen.
   A ander B anders C andere D anderen

3. Hoe wil je ...? - Met de fiets.

(A) rijs (B) reis (C) rijsen (D) reizen

4. De vorige keer had ik een leuke plek op een camping en dat is goed bevallen, dus iets ...

(A) dergelijks. (B) dagelijks. (C) zo'n soort. (D) zo'n type.

5. Wat dacht je van een fietsvakantie rond het IJsselmeer? - Ja, dat lijkt me wel ...

(A) graag. (B) iets. (C) wat. (D) idee.

Focus Poser des questions et répondre au sujet de l'organisation d'un voyage (2)

Corrigé page 251

Choisissez la bonne traduction.

1. Je cherche l'office de tourisme.

(A) Ik zoek het reizigerskantoor.

(B) Ik zoek het VVV-kantoor.

2. L'été prochain, nous voudrions visiter quelques villes hanséatiques.

(A) Volgend jaar willen we graag overnachten in een aantal Hanzesteden.

(B) Volgende zomer willen we graag een aantal Hanzesteden bezoeken.

3. Connaissez-vous le lac d'IJssel ? Il y a là-bas des zones naturelles splendides.

(A) Kent u het IJsselmeer? Er zijn daar schitterende natuurgebieden.

(B) Kent u het IJsselmeer? Er zijn daar interessante natuurgebieden.

4. Et on passe dans des villages historiques connus avec des rues médiévales animées.

(A) En je komt door bekende historische dorpjes met gezellige middeleeuwse straatjes.

(B) En je komt door bekende historische dorpjes met gezellige middeleeuwse winkeltjes.

Astuce **VVV** signifie **Vereniging voor Vreemdelingenverkeer** (litt. « *Association pour étrangers circulation* »).

Verbes

bevallen	*plaire, convenir*
vinden	*trouver*
lijken	*avoir l'air, paraître*
schijnen	*paraître, sembler*
gebeuren	*arriver, se produire*
opletten	*faire attention*
denken van	*penser de*
opstappen	*monter (sur)*
instappen	*monter (dans)*
afstappen, uitstappen	*descendre*
overnachten	*passer la nuit*
kamperen	*camper, faire du camping*

Pronom indéfini

men	*on*

Noms

het VVV-kantoor	*l'office de tourisme*
de vakantieaccommodatie	*le type d'hébergement*
de jeugdherberg	*l'auberge de jeunesse*
het vakantiehuisje	*la maison de vacances*
het bungalowpark	*le village de vacances*
de stacaravan	*le mobil-home*
de plek	*l'emplacement, l'endroit, la place*
de dijk	*la digue*

Module 26
WOORDENSCHAT

de dam, de waterkering	*le barrage*
de haven	*le port*
het meer	*le lac*
het kanaal, de gracht	*le canal*
de sloot	*le fossé*
het waterschap	*l'Administration des Eaux*
de spoorwegbrug	*le pont ferroviaire*
de ophaalbrug	*le pont-levis, le pont à bascule*

Adjectifs/Adverbes

schitterend	*splendide*
gezellig	*animé/e, ambiance conviviale*
middeleeuws	*médiéval/e*

Locutions/Phrases essentielles

... voorkeur uitgaan naar	*... préférence aller à*
midden op de weg	*au milieu de la route*
wat voor soort?	*quel type/genre de ?*
ergens anders	*autre part, ailleurs*
iets dergelijks	*quelque chose de ce genre*

Module 26
CORRIGÉ

Basis

PAGE 243 - Les verbes **bevallen** *plaire*, **vinden** *trouver* et **lijken** *avoir l'air, paraître*
1 D 2 A 3 B 4 C

PAGE 243 - Lexique des différents types d'hébergement
1 A 2 B 3 C 4 A

VOTRE SCORE :

PAGE 244 - La prononciation
1 B 2 A 3 B

PAGES 244-245 - Le mode impersonnel
1 B 2 A 3 A 4 B

PAGE 245 - Les prépositions
1 B 2 C 3 A/C 4 B 5 C 6 A/C 7 B 8 A

PAGE 246 - Les verbes à particule séparable
1 A 2 B 3 A 4 B

PAGES 246-247 - Lexique autour de la gestion de l'eau
1 C 2 A/D 3 B 4 D

PAGE 247 - La structure **wat voor soort?** *quel type/genre de ?*
1 A 2 B 3 A 4 A

PAGES 247-248 - Poser des questions et répondre au sujet de l'organisation d'un voyage
1 A/C 2 B 3 D 4 A 5 B/C

PAGE 248 - Poser des questions et répondre au sujet de l'organisation d'un voyage
1 B 2 B 3 A 4 A

Vous avez obtenu entre 0 et 8 ? Oeps!
Vous avez obtenu entre 9 et 17 ? Iets te weinig ...
Vous avez obtenu entre 18 et 26 ? Niet slecht, maar ...
Vous avez obtenu entre 27 et 35 ? Heel goed.
Vous avez obtenu 36 et plus ? Uitstekend!

Module 27
BASIS

Focus Lexique de l'argent au quotidien (1)

Corrigé page 261

Trouvez l'intrus.

1. le billet (de banque) - la pièce (de monnaie) - le centime

   A het biljet
   B de munt
   C het geld
   D de cent

2. le code PIN - la carte bancaire - le compte d'épargne

   A de pincode
   B de bankrekening
   C de bankpas
   D de spaarrekening

3. dépenser - payer ses factures - faire des économies

   A (be)sparen
   B uitgeven
   C rekeningen betalen
   D geld opnemen

4. les frais - faire du shopping en ligne - le compte d'utilisateur

   A de internetbank
   B het account
   C online shoppen
   D de kosten

Focus Lexique de l'argent au quotidien (2)

Choisissez la bonne traduction.

1. gérer les comptes en ligne

   A rekeningen betalen
   B internetbankieren

2. le compte d'épargne

   A de spaarpot
   B de spaarrekening

3. payer argent comptant

   A contant betalen
   B geld opnemen

4. virer de l'argent

   A geld overmaken
   B geld uitgeven

5. voir le solde de son compte

   (A) de kosten betalen (B) het saldo inzien

Focus Les quantités et les mesures (1)

Corrigé page 261

Choisissez la bonne traduction.

1. un kilo de poires

   (A) een kilo peren (B) een kilo van peren

2. 40 degrés de fièvre

   (A) 40 graden koorts (B) 40 graden van koorts

3. un litre de lait

   (A) een liter van melk (B) een liter melk

4. deux bouteilles d'eau

   (A) twee flessen van water (B) twee flessen water

Astuce En néerlandais, le complément de nom indiquant une quantité ou une mesure est en règle générale formé sans préposition.

Focus Les quantités et les mesures (2)

Choisissez la bonne traduction.

1. deux grammes

   (A) twee gram (B) twee grammen

2. trois fois

   (A) drie keren (B) drie keer

3. combien d'euros ?

   (A) hoeveel euro? (B) hoeveel euro's ?

4. quelques fois

   (A) een paar maal (B) een paar malen

5. 42 degrés de fièvre

(A) 42 graad koorts (B) 42 graden koorts

6. Il a cinq ans.

(A) Hij is vijf jaar. (B) Hij is vijf jaren.

7. Il est six heures.

(A) Het is zes uren. (B) Het is zes uur.

Astuce Les unités de monnaie, de mesures (sauf **graad**), les mesures de temps **uur** et **jaar** et les noms **de keer/de maal** sont invariables quand ils sont précédés d'un nombre, de **hoeveel** ou de **een paar**.

Focus Les quantités et les mesures (3)

Corrigé page 261

Commencez par indiquer si le nom est dénombrable ou indénombrable.

1. bier

(A) dénombrable (B) indénombrable

2. ijs

(A) dénombrable (B) indénombrable

3. man

(A) dénombrable (B) indénombrable

4. jongen

(A) dénombrable (B) indénombrable

Focus Les quantités et les mesures (4)

Maintenant indiquez la forme correcte du pluriel.

1. bier

(A) twee bieren (B) twee biertjes

2. ijs

(A) drie ijsen (B) drie ijsjes

3. man

(A) twee mannen (B) twee manen

4. jongen

(A) drie jongen (B) drie jongens

Astuce Pour mettre au pluriel un nom indénombrable, on se sert souvent du diminutif.

Focus Le prétérit des verbes hebben *avoir* et zijn *être*

Corrigé page 261

Complétez avec la bonne forme du verbe.

1. Ik ... nog geen account.

(A) had (B) hadden (C) was (D) waren

2. Toen we dat ... gedaan, ontvingen we een sms.

(A) had (B) hadden (C) was (D) waren

3. Mijn bankrekening ... geblokkeerd.

(A) had (B) hadden (C) was (D) waren

4. Waarom ... jullie gisteren niet thuis?

(A) had (B) hadden (C) was (D) waren

Focus La formation du participe passé : verbes réguliers (1)

Complétez avec la bonne forme du participe passé.

1. Hoe is dat ...?

(A) gebeuren (B) gebeurd (C) gebeurt

2. Huib heeft in een huis op de dijk ...

(A) gewoond. (B) gewoont. (C) gewonen.

3. Olga heeft in Zaandam ...

(A) gebrunchen. (B) gebrunchd. (C) gebruncht.

Corrigé page 261

4. Ze heeft met een creditkaart ...

   (A) betaalt. (B) betaald. (C) gebetaald.

5. Waar hebben jullie gisteren ...?

   (A) gedineerd (B) gedineert (C) gedineren

6. Ik heb dit jaar heel veel online ...

   (A) geshoppen. (B) geshopt. (C) geshopd.

7. Eigenlijk hebben ze haar altijd ...

   (A) geloven. (B) geloovt. (C) geloofd.

Astuce Le participe passé se forme en plaçant le préfixe **ge-** devant le radical et en ajoutant la terminaison **-t** ou **-d**. Si la lettre qui se trouve juste devant la terminaison **-en** de l'infinitif est un **-t**, **-k**, **-f**, **-s**, **-ch** ou **-p**, on ajoute un **-t**. Sinon, on ajoute un **-d**. Pour les verbes commençant par les préfixes **be-**, **ge-**, **(h)er-**, **ont-** et **ver-**, on n'ajoute pas de **ge-**.

Focus La formation du participe passé : verbes réguliers (2)

Complétez avec la bonne forme du participe passé.

1. Hij is bij deze halte ...

   (A) ingestapt. (B) ingestapd. (C) geinstapt.

2. Waarom hebben jullie die bestanden niet ...?

   (A) bijgewerkd (B) gebijwerkt (C) bijgewerkt

3. De assistente heeft de enveloppen ...

   (A) klaargelegd. (B) klaargelegt. (C) geklaarlegt.

4. Ina en Fred hebben hun cadeautjes ...

   (A) geopenmaakd. (B) opengemaakt. (C) openmaakd.

5. Wanneer heb je hem ...?

   (A) teruggebelt (B) geterugbelt (C) teruggebeld

6. We hebben haar aan onze buren ...

   (A) voorgesteld. (B) gevoorsteld. (C) voorgestelt.

Astuce Pour le participe passé d'un verbe à particule séparable, le préfixe **ge-** se place toujours entre la particule et la partie verbale.

Focus Faire du shopping en ligne

Corrigé page 261

Choisissez la bonne traduction.

1. Que se passe-t-il ?
   - A Hoe is dat gebeurd?
   - B Wat is er aan de hand?

2. Mon compte en banque est bloqué !
   - A Mijn bankrekening is geblokkeerd!
   - B Mijn spaarrekening is geblokkeerd!

3. Lorsque j'ai voulu créer un compte d'utilisateur, il fallait trouver un nom d'utilisateur et un mot de passe et indiquer quand je suis né.
   - A Toen ik een rekening wilde openen, moest ik een gebruiksnaam en wachtwoord bedenken en aangeven wanneer ik ben geboren.
   - B Toen ik een account wilde aanmaken, moest ik een gebruikersnaam en wachtwoord bedenken en aangeven wanneer ik ben geboren.

4. Quand j'avais fait cela, j'ai reçu un code que je devais saisir.
   - A Als ik dat had gedaan, zou ik een code ontvangen die ik moest invoeren.
   - B Toen ik dat had gedaan, ontving ik een code die ik moest invoeren.

5. Oui, c'est plus sûr. - Je ne suis pas d'accord ! Pourquoi ils veulent savoir toutes ces choses ?
   - A Ja, dat is veiliger. - Daar ben ik het niet mee eens! Waarom willen ze al die dingen weten?
   - B Ja, dat is beter. - Dat ben ik niet met je eens! Waarom willen ze dat allemaal weten?

6. Après avoir fait cela, je pouvais enfin me connecter.
   - A Nadat ik dat had gedaan, kon ik eindelijk online gaan shoppen.
   - B Nadat ik dat had gedaan, kon ik eindelijk inloggen.

Corrigé page 261

7. J'ai tapé trois fois un code erroné.

A Ik heb drie keer een foute code ingetypt.

B Ik heb drie keer een gebruikte code ingetypt.

8. Ben, après la troisième fois, tout se bloque évidemment !

A Tja, daarna wordt je account natuurlijk geblokkeerd!

B Tja, na de derde keer wordt natuurlijk alles geblokkeerd!

Verbes

hebben →	
had (sing.), **hadden** (pluriel)	*prétérit*

zijn →	
was (sing.), **waren** (pluriel)	*prétérit*

(be)sparen	*faire des économies*
uitgeven	*dépenser*
internetbankieren	*gérer les comptes en ligne*
invoeren	*saisir*
inloggen	*se connecter*
intypen	*taper*
geboren	*né/e*

Noms

het biljet	*le billet (de banque)*
de munt	*la pièce (de monnaie)*
de cent	*le centime*
de bankrekening	*le compte en banque*
de bankpas	*la carte bancaire*
de spaarrekening	*le compte d'épargne*
de internetbank	*la banque en ligne*
het/de account	*le compte d'utilisateur*
de kosten	*les frais*

Module 27
WOORDENSCHAT

de gebruikersnaam	*le nom d'utilisateur*
het wachtwoord	*le mot de passe*

Locutions/Phrases essentielles

online shoppen	*faire du shopping en ligne*
geld opnemen/overmaken	*retirer/virer de l'argent*
contant betalen	*payer argent comptant*
het saldo inzien	*voir le solde de son compte*
rekeningen betalen	*payer ses factures*
een rekening openen	*ouvrir un compte*
een account aanmaken	*créer un compte d'utilisateur*
Wat is er aan de hand?	*Que se passe-t-il ?*
Hoe is dat gebeurd?	*Comment s'est arrivé ?*
Daar ben ik het (niet) mee eens!	*Là-dessus, je (ne) suis (pas) d'accord !*
Dat ben ik (niet) met je eens.	*Je (ne) suis (pas) d'accord avec toi.*

Module 27
CORRIGÉ

VOTRE SCORE :

Basis

PAGES 252-253 - Lexique de l'argent au quotidien

1 C | 2 B | 3 D | 4 A

1 B | 2 B | 3 A | 4 A | 5 B

PAGES 253-255 - Les quantités et les mesures

1 A | 2 A | 3 B | 4 B

1 A | 2 B | 3 A | 4 A | 5 B | 6 A | 7 B

1 B | 2 B | 3 A | 4 A

1 B | 2 B | 3 A | 4 B

PAGE 255 - Le prétérit des verbes **hebben** *avoir* et **zijn** *être*

1 A | 2 B | 3 C | 4 D

PAGES 255-257 - La formation du participe passé : verbes réguliers

1 B | 2 A | 3 C | 4 B | 5 A | 6 B | 7 C

1 A | 2 C | 3 A | 4 B | 5 C | 6 A

PAGES 257-258 - Faire du shopping en ligne

1 B | 2 A | 3 B | 4 B | 5 A | 6 B | 7 A | 8 B

Vous avez obtenu entre 0 et 10 ? Oeps!
Vous avez obtenu entre 11 et 21 ? Iets te weinig ...
Vous avez obtenu entre 22 et 32 ? Niet slecht, maar ...
Vous avez obtenu entre 33 et 43 ? Heel goed.
Vous avez obtenu 44 et plus ? Uitstekend!

Module 28
BASIS

Focus L'accent tonique

Corrigé page 271

Indiquez quelle syllabe porte l'accent tonique.

1. kopie

   A **ko**pie B ko**pie** C **kopie**

2. bacterie

   A **bac**terie B bac**te**rie C bacte**rie**

3. porie

   A **po**rie B po**rie** C porie

Focus Le pluriel des noms se terminant par -ie et -ee

Mettez ces noms à la forme plurielle.

1. de kopie

   A de kopiën B de kopieën C de kopie's D de kopi's

2. de balie

   A de baliën B de balieën C de balies D de bali's

3. de zee

   A de zee's B de zeeën C de zees D de zeën

4. de knie

   A de knies B de kni's C de kniën D de knieën

5. de porie

   A de poriën B de pories C de porieën D de pori's

6. de familie

   A de families B de familieën C de famili's D de familiën

7. het idee

   A de ideën B de idee's C de idés D de ideeën

8. de bacterie

   (A) de bacteries (B) de bacterieën (C) de bacteriën (D) de bacteri's

Astuce Le pluriel des noms qui se terminent par **ee**, se forme en y ajoutant **ën**. Pour les noms se terminant par **ie** : il convient d'ajouter **ën** aux mots dont l'accent tonique tombe sur la dernière ou l'unique syllabe ; si l'accent tonique ne se trouve pas à la fin, il suffit de mettre un tréma sur le **e** existant et d'y ajouter un **n** ; puis certains mots prennent un **s** au pluriel, peu importe l'accent tonique.

Focus La prononciation

Cochez la prononciation correspondant au nom donné.

1. bacteriën

   (A) [b] [a] [k] [t] [é:] [r] [i:] [e] [n] (B) [b] [a] [k] [t] [é:] [r] [i:] [ye] [n]

2. kopieën

   (A) [k] [o:] [p] [i:] [é:] [n] (B) [k] [o:] [p] [i:] [ye] [n]

3. Italië

   (A) [i:] [t] [a:] [L] [i:] [ye] (B) [i:] [t] [a:] [L] [i:]

Astuce Le **ë** se prononce **[ye]**.

Focus Le contenu et le contenant

Corrigé page 271

Choisissez la bonne traduction.

1. un verre de limonade

   (A) een limonadeglas (B) een glas limonade

2. une tasse à café

   (A) een koffiekop (B) een kop koffie

3. un verre à vin

   (A) een glas wijn (B) een wijnglas

4. un bol à soupe

Ⓐ een soepkom Ⓑ een kom soep

5. un bol de soupe

Ⓐ een soepkom Ⓑ een kom soep

Astuce En néerlandais, le contenant est exprimé sous forme de mot composé avec l'accent tonique sur la première partie.

Focus La négation avec meer *plus*

Corrigé page 271

Répondez aux questions posées par la négative comme il convient.

1. Zie je de limonadeglazen ergens?

Ⓐ Nee, ik zie ze nergens meer.

Ⓑ Nee, ik zie ze ergens.

2. Heb jij die zilveren vorkjes?

Ⓐ Nee, die heb ik nooit.

Ⓑ Nee, die heb ik niet meer.

3. Kan je die zware doos nog dragen?

Ⓐ Nee, die kan ik niet meer dragen.

Ⓑ Nee, die kan ik geen meer dragen.

4. Hebben jullie misschien wat verhuisdozen?

Ⓐ Nee, we hebben de verhuisdozen niet meer.

Ⓑ Nee, we hebben geen verhuisdozen meer.

5. Gaat hij nog wel eens naar het buitenland?

Ⓐ Nee, hij gaat nooit meer naar het buitenland.

Ⓑ Nee, hij gaat steeds naar het buitenland.

6. Is er nog wat koffie met gebak?
   - Ⓐ Nee, er is geen koffie met gebak meer.
   - Ⓑ Nee, er is niet koffie met gebak meer.

7. Wonen jullie nog steeds in dat grote grachtenpand?
   - Ⓐ Nee, daar wonen we nooit meer.
   - Ⓑ Nee, daar wonen we niet meer.

8. Worden pakhuizen nog gebruikt?
   - Ⓐ Nee, pakhuizen worden niet meer gebruikt.
   - Ⓑ Nee, geen pakhuizen worden meer gebruikt.

Focus Quelques mots utiles pour un déménagement

Corrigé page 271

Choisissez la bonne traduction.

1. le camion de déménagement
   - Ⓐ de verhuiswagen Ⓑ het verhuisbericht Ⓒ de verhuizing
2. en haut
   - Ⓐ omhoog Ⓑ beneden Ⓒ boven
3. vers le bas
   - Ⓐ beneden Ⓑ omlaag Ⓒ omhoog
4. vide
   - Ⓐ leeg Ⓑ vol Ⓒ zwaar
5. un escalier raide
   - Ⓐ een smalle trap Ⓑ een brede trap Ⓒ een steile trap
6. le grenier
   - Ⓐ de kelder Ⓑ de zolder Ⓒ het dak

Corrigé page 271

7. l'escabeau

A de barkruk — B het trapje — C de trede

8. emballer

A inpakken — B uitpakken — C pakken

Focus Lexique des meubles, de l'électroménager et de la vaisselle

Trouvez l'intrus.

1. la soucoupe - l'assiette - le couteau

A het mes — C de schotel
B het bord — D de vork

2. le lave-linge - le congélateur - le four

A de wasmachine — C de koelkast
B de diepvriezer — D de oven

3. l'armoire - la chaise - le buffet

A de stoel — C het dressoir
B het meubel — D de kast

4. la radio - l'horloge - le réveil

A het horloge — C de radio
B de klok — D de wekker

Focus Les verbes de position et les verbes causatifs (1)

Commencez par choisir le verbe causatif correspondant au verbe de position donné.

1. staan

A (neer)zetten — B (neer)leggen

2. liggen

A (neer)leggen   B doen (in)

3. zitten

A (op)hangen   B stoppen (in)

4. hangen

A stoppen (in)   B (op)hangen

5. zitten

A doen (in)   B (neer)leggen

Astuce Notez que *mettre dans* peut se traduire par **stoppen in** ou **doen in**.

Focus Les verbes de position et les verbes causatifs (2)

Maintenant transformez les phrases en utilisant le verbe causatif correspondant au verbe de position de la phrase donnée.

Corrigé page 271

1. Die oude stoel staat op zolder.

A Ik leg die oude stoel op zolder.

B Ik zet die oude stoel op zolder.

2. Het bestek ligt in de la.

A Ik leg het bestek in de la.

B Ik hang het bestek in de la.

3. De lamp hangt aan de muur.

A Ik hang de lamp aan de muur.

B Ik stop de lamp aan de muur.

4. Mijn bloes zit in de wasmachine.

A Ik zet mijn bloes in de wasmachine.

B Ik stop mijn bloes in de wasmachine.

5. De lucifers zitten in het luciferdoosje.

(A) Ik doe de lucifers in het luciferdoosje.

(B) Ik hang de lucifers in het luciferdoosje.

Corrigé page 271

Focus Les verbes causatifs

Complétez avec le verbe qui convient. Il peut y avoir plusieurs réponses possibles.

1. ... de koelkast maar in die hoek tegen de muur.

(A) Zet (B) Leg (C) Doe

2. Kun je de vorkjes in de la ...?

(A) ophangen (B) neerzetten (C) leggen

3. Wil jij die lamp even ...?

(A) hangen (B) ophangen (C) neerzetten

4. ... je sokken maar in de wasmand.

(A) Doe (B) Stop (C) Zet

Astuce Les particules **neer-** et **op-** sont obligatoires lorsque le complément de lieu est absent.

Focus Le déménagement

Choisissez la bonne traduction.

1. Chargeons d'abord les meubles lourds, pour déjà les amener (rouler) au nouveau logement !

(A) Zullen we eerst de zware meubels inladen zodat we vast de nieuwe woning kunnen meenemen?

(B) Laten we eerst de zware meubels inladen en vast naar de nieuwe woning rijden!

2. Tu pourras alors mettre vite fait les ustensiles de cuisine dans les cartons.

   - **A** Dan kan jij de keukenspulletjes nog gauw in dozen stoppen.
   - **B** Dan kan jij de kookboeken nog gauw in dozen stoppen.

3. Veux-tu emmener les deux téléviseurs ?
   - Non, celui d'en haut va chez les voisins.

   - **A** Wil je de twee televisies meenemen?
     - Nee, die van boven gaat naar de buren.
   - **B** Wil je de twee televisiën meenemen?
     - Nee, die van beneden gaat naar de buren.

Corrigé page 271

4. Tout est vide ! C'est formidable, on avance bien vite !

   - **A** Alles is leeg! Geweldig, het gaat lekker vlug!
   - **B** Alle dozen zijn leeg! Mooi, het gaat heel erg vlug!

5. La machine à laver va dans ce coin contre le mur et le lave-vaisselle à côté, sous la fenêtre.

   - **A** De afwasmachine kan op die plek tegen de muur gezet en de wasmachine ernaast, onder het raam.
   - **B** De wasmachine kan in die hoek tegen de muur gezet en de afwasmachine ernaast, onder het raam.

6. Nous avons presque terminé.

   - **A** We zijn bijna voorbij.
   - **B** We zijn bijna klaar.

7. Je ne trouve nulle part les tasses à café ! - Elles sont dans le carton qui est dans le couloir.

   - **A** Ik kan de koffiekopjes nergens meer vinden! - Die zitten in de doos die in de gang staat.
   - **B** Ik kan de kopjes koffie nergens meer vinden! - Die staan in de doos in de gang.

Module 28
WOORDENSCHAT

Verbes

inpakken - uitpakken	*emballer - déballer*
(neer)zetten	*poser (debout)*
(neer)leggen	*poser (couché)*
(op)hangen	*accrocher*
stoppen/doen in	*mettre dans*
inladen	*charger*
meenemen	*emmener, amener, apporter*

Noms

het limonadeglas	*le verre à limonade*
de koffiekop	*la tasse à café*
de soepkom	*le bol à soupe*
de verhuizing	*le déménagement*
de verhuisdoos	*le carton de déménagement*
het verhuisbericht	*l'avis de changement d'adresse*
het grachtenpand	*la maison au bord d'un canal*
het pakhuis	*l'entrepôt*

Locutions/Phrases essentielles

klaar zijn	*avoir terminé*
voorbij zijn	*être terminé*
Het gaat lekker vlug!	*On avance bien vite !*

Module 28
CORRIGÉ

VOTRE SCORE :

Basis

PAGE 262 - L'accent tonique
1 B 2 B 3 A

PAGES 262-263 - Le pluriel des noms se terminant par **-ie** et **-ee**
1 B 2 C 3 B 4 D 5 A 6 A 7 D 8 C

PAGE 263 - La prononciation
1 B 2 B 3 A

PAGES 263-264 - Le contenu et le contenant
1 B 2 A 3 B 4 A 5 B

PAGES 264-265 - La négation avec **meer** *plus*
1 A 2 B 3 A 4 B 5 A 6 A 7 B 8 A

PAGES 265-266 - Quelques mots utiles pour un déménagement
1 A 2 C 3 B 4 A 5 C 6 B 7 B 8 A

PAGE 266 - Lexique des meubles, de l'électroménager et de la vaisselle
1 D 2 C 3 B 4 A

PAGES 266-268 - Les verbes de position et les verbes causatifs
1 A 2 A 3 B 4 B 5 A
1 B 2 A 3 A 4 B 5 A

PAGE 268 - Les verbes causatifs
1 A 2 C 3 B/C 4 A/B

PAGES 268-269 - Le déménagement
1 B 2 A 3 A 4 A 5 B 6 B 7 A

Vous avez obtenu entre 0 et 11 ? Oeps!
Vous avez obtenu entre 12 et 23 ? Iets te weinig ...
Vous avez obtenu entre 24 et 35 ? Niet slecht, maar ...
Vous avez obtenu entre 36 et 47 ? Heel goed.
Vous avez obtenu 48 et plus ? Uitstekend!

Module 29
BASIS

Focus Lexique de la météo et des saisons (1)

Corrigé page 280

Trouvez l'intrus.

1. de lente - de zomer - de herfst - de lucht

   A de zomer   B de herfst   C de lucht   D de lente

2. de paraplu - de regen - de bui - droog

   A droog   B de bui   C de paraplu   D de regen

3. waaien - voorspellen - schijnen - de winter

   A voorspellen   B de winter   C schijnen   D waaien

Focus Parler de la météo et des saisons (2)

Complétez par le mot manquant adapté.

1. Vanwege de harde ... waren er takken op de rails gevallen.

   A wolk   B wind   C zon

2. Veel regen betekent een slecht ...

   A seizoen.   B weer.   C nat.

3. In de winter is het vroeg ...

   A droog.   B licht.   C donker.

4. Het wordt al ... buiten.

   A storm   B licht   C bui

Focus Le prétérit des verbes réguliers (1)

Complétez avec la bonne forme du prétérit du verbe donné.

1. De buschauffeur ... (maken) een omweg.

   A maakde   B maakte   C maakten

2. Daar ... (zetten) een ober een borreltje voor me klaar.

(A) zette (B) zeten (C) zete

3. Max en Sophie ... (praten) met de hotelgasten.

(A) praatte (B) praten (C) praatten

4. Claudia ... (dineren) gisteren met een klant.

(A) dineerte (B) dineerde (C) dineerten

5. Hij ... (raden) het meteen.

(A) raadde (B) rade (C) radde

6. Ik ... (geloven) haar niet.

(A) geloofte (B) geloofde (C) gelovde

7. We ... (reizen) toen veel naar het buitenland.

(A) reizten (B) reizde (C) reisden

Astuce En module 27 vous avez vu la formation du participe passé des verbes réguliers. Le prétérit suit les mêmes règles pour le choix de la terminaison **-t** ou **-d**.

Focus Le prétérit des verbes réguliers (2)

Corrigé page 280

Cochez la phrase où la particule du verbe est bien placée.

1. terugbellen

(A) Ans terugbelde haar broer meteen.

(B) Ans belde haar broer meteen terug.

(C) Ans belde terug haar broer meteen.

2. klaarzetten

(A) Ingrid zette een glas wijn voor hem klaar.

(B) Ingrid klaarzette een glas wijn voor hem.

(C) Ingrid zette klaar een glas wijn voor hem.

3. aanraden

A Berend aanraadde me een goed hotel.

B Berend raadde aan me een goed hotel.

C Berend raadde me een goed hotel aan.

Focus Le passé composé des verbes de mouvement : l'auxiliaire hebben ou zijn

Corrigé page 280

Choisissez le bon auxiliaire.

1. We ... naar Frankrijk gefietst.

A hebben — B zijn

2. We ... in Frankrijk gefietst.

A hebben — B zijn

3. Ze ... op het strand gelopen.

A heeft — B is

4. Ze ... naar het strand gelopen.

A heeft — B is

Astuce Le passé composé d'un verbe de mouvement se forme avec l'auxiliaire **hebben** si l'accent est mis sur la façon de se mouvoir et se forme avec **zijn** lorsque l'on indique un changement de lieu et qu'on exprime la destination.

Focus Décrire un itinéraire

Complétez par le mot manquant adapté.

1. We zijn ... Apeldoorn ... Schiphol gereden.

A via - naar — B door - aan

2. Rijdt er geen directe trein naar Wageningen, zodat ik niet hoef ... te ...?

A over - stappen — B in - stappen

3. De bus is met een ... naar het vliegveld gereden.

A omleiding　B omweg

4. Eenmaal ..., nam ik een taxi naar een vijfsterrenhotel.

A beland　B geland

5. Daar konden we niet verder ...

A rijden.　B gereden.

Focus Parler de ses vacances

Corrigé page 280

Choisissez la bonne traduction.

1. Il faisait mauvais et j'ai décidé (décidais) de partir en vacances.

A Het regende en ik besloot om op vakantie te gaan.

B Het waaide hard en ik besloot om op vakantie te gaan.

C Het was slecht weer en ik besloot om op vakantie te gaan.

2. J'avais perdu mon passeport.

A Ik had mijn paspoort kwijt.

B Ik was mijn paspoort kwijt.

C Ik had mijn paspoort vergeten.

3. Une gentille hôtesse de l'air m'a indiqué (m'indiquait) une place assise.

A Een vriendelijke stewardess wees me een zitplaats aan.

B Een vriendelijke steward wijst me een zitplaats aan.

C Een vriendelijke ober wees me een zitplaats aan.

4. Je séjournais sur une péniche.

A Ik logeerde op een woonboot.

B Ik sliep op een zeilboot.

C Ik woonde op een jacht.

Corrigé page 280

5. Un serveur m'a préparé (me préparait) un apéritif et un hareng.

   A Een server zette een glaasje jenever en een haring voor me klaar.

   B Een ober maakte een borreltje en een verse haring klaar.

   C Een ober zette een borreltje en een haring voor me klaar.

Astuce Le prétérit est le temps de la narration. Il permet de raconter ou de décrire une situation dans le passé. Il se traduit en français par un imparfait, mais également par un passé simple ou un passé composé.

Focus L'adjectif épithète

Choisissez la bonne forme de l'adjectif. Il peut y avoir plusieurs réponses possibles.

1. de ... Nieuwe

   A Hollander
   B Holland
   C hollands
   D Hollandse

2. een ... zomer

   A prettig
   B natte
   C droge
   D fijn

3. een ... drank

   A alcoholische
   B sterke
   C gezond
   D vers

4. een ... droom

   A vreemde
   B donker
   C vriendelijk
   D vreselijke

5. ... jenever

   A oude
   B nederlander
   C Nederlandse
   D jong

6. een ... borrel

   A slecht
   B gezellige
   C vrij
   D goede

7. ... vakantie!

   A Prettige
   B Mooi
   C Fijne
   D Slecht

Corrigé page 280

Astuce Les Néerlandais sont grands amateurs de hareng, surtout lorsqu'il atteint un pourcentage de graisse plus élevé ; il est alors appelé **Hollandse Nieuwe**. Le nom **de borrel** *l'apéritif* est un petit verre d'alcool dont **de jenever** *le genièvre* est un des plus connus.

Module 29
WOORDENSCHAT

Verbes

Infinitif - prétérit (sing.) - participe passé des verbes irréguliers/forts rencontrés dans ce module

schijnen - scheen - geschenen	*briller*
vallen - viel - gevallen	*tomber*
lopen - liep - gelopen	*marcher*
rijden - reed - gereden	*rouler*
nemen - nam - genomen	*prendre*
besluiten - besloot - besloten	*décider*
vergeten - vergat - vergeten	*oublier*
aanwijzen - wees aan - aangewezen	*indiquer, montrer*
slapen - sliep - geslapen	*dormir*

Verbes réguliers

voorspellen	*annoncer, prédire*
waaien	*souffler (vent)*
overstappen	*changer (prendre une correspondance)*
landen	*atterrir*

Noms

het seizoen	*la saison*
de lente	*le printemps*
de zomer	*l'été*
de herfst	*l'automne*
de winter	*l'hiver*
de lucht	*le ciel*

de regen	*la pluie*
de bui	*l'averse*
de wolk	*le nuage*
de wind	*le vent*
de storm	*la tempête*
de zon	*le soleil*
het vliegveld	*l'aéroport*
de stewardess	*l'hôtesse de l'air*
de ober	*le serveur*
de jenever	*le genièvre*
de haring	*le hareng*

Adjectifs/Adverbes

droog - nat	*sec/sèche - humide*
meteen	*tout de suite*

Locutions/Phrases essentielles

het is licht/donker	*il fait jour/nuit*
een omweg maken	*faire un détour*
op/met vakantie gaan	*partir en vacances*
Prettige/Fijne vakantie!	*Bonnes vacances !*
kwijt zijn	*avoir perdu*
Hollandse Nieuwe	*le hareng nouveau*
sterke drank	*l'alcool, boisson spiritueux*

Module 29
CORRIGÉ

VOTRE SCORE :

Basis

PAGE 272 - Lexique de la météo et des saisons
1 C | 2 A | 3 B

PAGE 272 - Parler de la météo et des saisons
1 B | 2 A | 3 C | 4 B

PAGES 272-274 - Le prétérit des verbes réguliers
1 B | 2 A | 3 C | 4 B | 5 A | 6 B | 7 C
1 B | 2 A | 3 C

PAGE 274 - Le passé composé des verbes de mouvement : l'auxiliaire **hebben** ou **zijn**
1 B | 2 A | 3 A | 4 B

PAGES 274-275 - Décrire un itinéraire
1 A | 2 A | 3 B | 4 B | 5 A

PAGES 275-276 - Parler de ses vacances
1 C | 2 B | 3 A | 4 A | 5 C

PAGES 276-277 - L'adjectif épithète
1 D | 2 B/C | 3 A/B | 4 A/D | 5 A/C | 6 B/D | 7 A/C

Vous avez obtenu entre 0 et 7 ? Oeps!
Vous avez obtenu entre 8 et 15 ? Iets te weinig ...
Vous avez obtenu entre 16 et 23 ? Niet slecht, maar ...
Vous avez obtenu entre 24 et 31 ? Heel goed.
Vous avez obtenu 32 et plus ? Uitstekend!

Focus Quelques termes spécifiques aux voyages

Corrigé page 290

Trouvez l'intrus.

1. la gare - le vol - l'aile

   A de vleugel B de vlucht C het station D de staart

2. le sac à dos - le sac de voyage - le sac à main

   A de handbagage B de rugzak C de handtas D de reistas

3. la carte d'embarquement - le billet d'avion - le panneau d'affichage

   A het vliegticket B de reisbestemming C het mededelingenbord D de boarding pass

Focus Les verbes à particule séparable

Choisissez la particule correcte.

1. Ze is ...genomen op een technische universiteit. *(admise)*

   A in B aan C door

2. Ben je bezig je koffer ... te pakken of ... te pakken? *(faire - défaire ta valise)*

   A door - af B in - uit C aan - op

3. Hij heeft ...gedaan aan een onderzoek bij de medische faculteit. *(participé)*

   A mee B op C met

4. Deze studenten staan ...geschreven voor dezelfde cursus. *(inscrits)*

   A tot B voor C in

Focus Les prépositions in *dans* et naar *vers*

Choisissez la préposition correcte.

1. Het is koud ... november.

   A in B naar

Corrigé page 290

2. Hij gaat ... het café.

A in B naar

3. Agnes gaat iets drinken ... een café.

A in B naar

4. We gaan vanavond vroeg ... bed.

A in B naar

5. Nelleke is ... 2020 geboren.

A in B naar

6. Zullen we ... het strand gaan?

A in B naar

7. Johanna heeft ... de stad rondgelopen.

A in B naar

8. Marieke en Harry fietsen ... de stad.

A in B naar

9. Liggen de kinderen al ... bed?

A in B naar

Astuce La préposition **in** s'utilise devant un mois, une année ou un lieu et quand on réfère à l'endroit même, sans l'idée de déplacement en direction d'un autre endroit. La préposition **naar** s'utilise pour exprimer une direction.

Focus Le plus-que-parfait

Indiquez si la conjugaison donnée du plus-que-parfait est bonne ou fausse.

1. Zodra Paul voor zijn examens geslaagd was, heeft hij een wereldreis geboekt.

A bonne B fausse

2. Zodra ik mijn koffers had gepakt, heb ik een taxi gebeld.

A bonne B fausse

3. Nadat Beja op kantoor aangekomen is, boekte ze een vlucht voor haar baas.

   (A) bonne (B) fausse

4. Nadat ze wat gegeten hadden, zijn ze naar bed gegaan.

   (A) bonne (B) fausse

Astuce Le plus-que-parfait se forme à l'aide de l'auxiliaire **hebben** ou **zijn** conjugué au prétérit et d'un participe passé. L'auxiliaire peut se placer devant ou après le participe : **was geslaagd/geslaagd was**.

Focus Lexique de la scolarité et des études

Corrigé page 290

Choisissez la bonne traduction.

1. le programme scolaire

   (A) het onderwijsprogramma (C) de school
   (B) het klaslokaal (D) het onderwijs

2. mathématiques

   (A) natuurkunde (C) wiskunde
   (B) geschiedenis (D) aardrijkskunde

3. passer son baccalauréat

   (A) een studie volgen (C) vakken kiezen
   (B) eindexamen doen (D) natuurkunde onderwijzen

4. l'enseignement secondaire

   (A) het basisonderwijs (C) het wetenschappelijk onderwijs
   (B) het hoger beroepsonderwijs (D) het voortgezet onderwijs

Module 30
BASIS

Focus Le verbe de modalité zullen (1)

Choisissez la forme correcte du verbe. Il peut y avoir plusieurs réponses possibles.

1. ... ik straks iets lekkers voor je klaarmaken?

   A Zullen   B Zal   C Zul

2. Anita en Ivo ... wel honger hebben.

   A zal   B zult   C zullen

3. Je ... echt nog even moeten wachten!

   A zult   B zal   C zul

4. De minister van financiën ... morgen een toespraak houden.

   A zullen   B zult   C zal

5. Jullie ... drie keer moeten overstappen.

   A zullen   B zal   C zulle

6. U ... binnenkort een bevestigingsmail van ons ontvangen.

   A zul   B zult   C zal

7. Marc en Caroline ... waarschijnlijk in juni gaan trouwen.

   A zullen   B zal   C zulle

Astuce Le verbe **zullen** se conjugue **zal** au singulier et **zullen** au pluriel. Il existe aussi une forme avec une terminaison en **-t** à la 2ᵉ personne du singulier : **je, u zult.**

Focus Le verbe de modalité zullen (2)

Corrigé page 290

Choisissez la bonne traduction.

1. Je réserverai demain un vol pour mon patron.

   A Ik boek nu meteen een vlucht voor mijn baas.

   B Ik zal morgen een vlucht voor mijn baas boeken.

2. Et si nous allions faire des courses demain ?

   A Laten we morgen boodschappen gaan doen!

   B Zullen we morgen boodschappen gaan doen?

3. Bart doit être fatigué.

   A Bart zal wel moe zijn.

   B Bart moet zeker heel erg moe zijn.

4. Tu dois réussir cet examen !

   A Je zult voor dat examen moeten slagen!

   B Je wilt vast voor dat examen slagen!

Astuce Le verbe **zullen** peut exprimer le futur dans un langage formel. Dans une phrase interrogative avec les pronoms **ik** et **we/wij**, il sert à faire une proposition. Accompagné de l'adverbe **wel**, il formule une probabilité. Il peut aussi exprimer une volonté puissante, une nécessité.

Focus Le conditionnel zouden

Corrigé page 290

Choisissez la bonne traduction.

1. Autrefois j'aurais trouvé cela amusant.

   A Vroeger zou ik dat leuk hebben gevonden.

   B Vroeger zal ik dat echt leuk hebben gevonden.

2. Nous aimerions bien une bière.

   A We zou graag een biertje drinken.

   B We zouden graag een biertje willen.

3. J'aimerais avoir une croquette.

   A Ik zou wel een kroketje lusten.

   B Ik zal wel een kroketje gaan eten.

4. Ils devaient venir nous chercher à l'aéroport.

A Ze zouden ons van het vliegveld komen ophalen.

B Ze moeten ons van het vliegveld komen ophalen.

Astuce Les formes au prétérit **zou** au singulier et **zouden** au pluriel servent à construire le conditionnel.

Focus Demander et donner des informations

Corrigé page 290

Choisissez la bonne traduction.

1. As-tu eu des nouvelles à propos des études de ta fille ?

A Heb je al iets gehoord over de studiekeuze van je dochter?

B Heb je al nieuws in verband met de studie van je dochter?

C Heeft je dochter al een nieuwe studierichting gekozen?

2. Oui, elle a été admise dans une université technique, qui a un score élevé au classement international.

A Ja, ze heeft een baan gevonden op een technische universiteit, die hoog op de nationale rangorde scoort.

B Ja, ze gaat een technische studie volgen aan de universiteit, die het hoogst op de internationale rangorde scoort.

C Ja, ze is aangenomen op een technische universiteit, die hoog op de internationale rangorde scoort.

Focus Savoir décrire des projets

Choisissez la bonne traduction.

1. Quels sont les projets de ton fils ?

A Wat zijn de plannen van jouw zoon?

B Wat heeft jouw zoon voor opleiding gekozen?

2. Il s'est installé il y a une semaine dans une résidence d'étudiants.

   A Hij heeft een week geleden z'n intrek genomen in een studentenhuis.

   B Hij heeft een week geleden een optie genomen op een kamer in een studentenhuis.

3. J'ai l'impression que cela lui plaît énormément.

   A Ik heb de indruk dat ze er heel tevreden met zijn.

   B Ik heb de indruk dat hij er zeer tevreden mee is.

4. Je pars demain vers une destination inconnue.

   A Ik vertrek morgen naar een onbekende bestemming.

   B Ik boek morgen een ticket naar een onbekende bestemming.

5. Cela ne te fait pas peur ?

   A Vind je dat niet eng?

   B Vind je dat niet bang?

6. Autrefois, j'aurai trouvé cela dangereux, mais plus maintenant.

   A Vroeger zou ik dat niet gevaarlijk hebben gevonden, maar nu veel meer.

   B Vroeger zou ik dat gevaarlijk hebben gevonden, maar nu niet meer.

Module 30
WOORDENSCHAT

Verbes

Infinitif - prétérit (sing.) - participe passé des verbes irréguliers/forts rencontrés dans ce module

	aannemen - nam aan - aangenomen	*admettre, accepter*
	inschrijven - schreef in - ingeschreven	*s'inscrire*
	aankomen - kwam aan - aangekomen	*arriver*
	eten - at - gegeten	*manger*
	gaan - ging - gegaan	*aller*
	vinden - vond - gevonden	*trouver*
	kiezen - koos - gekozen	*choisir*
	meedoen - deed mee - meegedaan	*participer*
	rondlopen - liep rond - rondgelopen	*se promener*
	zal (sing.), **zullen** (pluriel)	*auxiliaire du futur, verbe de modalité*
je / u	**zal/zult**	
u	**zal/zult**	
	zou (sing.), **zouden** (pluriel)	*prétérit du verbe* zullen

Noms

het basisonderwijs	*l'enseignement primaire*
het voortgezet onderwijs	*l'enseignement secondaire*
het hoger beroepsonderwijs	*l'enseignement professionnel supérieur*
het wetenschappelijk onderwijs	*l'enseignement universitaire*
het vak	*la matière*
het studentenhuis	*la résidence d'étudiants*
het onderzoek	*la recherche*

de studiekeuze	*le choix des études*
de bestemming	*la destination*

Locutions/Phrases essentielles

bezig zijn met	*être en train de*
een koffer inpakken/uitpakken	*faire/défaire sa valise*
een vlucht boeken	*réserver un vol*
ingeschreven staan	*être inscrit/e*
slagen voor een examen	*réussir un examen*
eindexamen doen	*passer son baccalauréat*
een toespraak houden	*faire un discours*
de intrek nemen	*s'installer*
het eng vinden	*effrayer, faire peur (par qqch.)*

Module 30
CORRIGÉ

VOTRE SCORE :

Basis

PAGE 281 - Quelques termes spécifiques aux voyages
1 D | 2 A | 3 B

PAGE 281 - Les verbes à particule séparable
1 B | 2 B | 3 A | 4 C

PAGES 281-282 - Les prépositions **in** *dans* et **naar** *vers*
1 A | 2 B | 3 A | 4 B | 5 A | 6 B | 7 A | 8 B | 9 A

PAGES 282-283 - Le plus-que-parfait
1 A | 2 A | 3 B | 4 A

PAGE 283 - Lexique de la scolarité et des études
1 A | 2 C | 3 B | 4 D

PAGES 284-285 - Le verbe de modalité **zullen**
1 B | 2 C | 3 A/B | 4 C | 5 A | 6 B/C | 7 A
1 B | 2 B | 3 A | 4 A

PAGES 285-286 - Le conditionnel **zouden**
1 A | 2 B | 3 A | 4 A

PAGE 286 - Demander et donner des informations
1 B | 2 C

PAGES 286-287 - Savoir décrire des projets
1 A | 2 A | 3 B | 4 A | 5 A | 6 B

Vous avez obtenu entre 0 et 9 ? Oeps!
Vous avez obtenu entre 10 et 19 ? Iets te weinig ...
Vous avez obtenu entre 20 et 29 ? Niet slecht, maar ...
Vous avez obtenu entre 30 et 38 ? Heel goed.
Vous avez obtenu 39 et plus ? Uitstekend!

Notes

Notes

Notes

Notes

Notes

Notes

Notes

Notes

Notes

Dépôt légal : Mars 2023 N° d'édition : 4219
ISBN : 978-2-7005-0923-6

Achevé d'imprimer en Roumanie
par Master Print - Mars 2023
www.assimil.com